名师名校名校长

凝聚名师共识
圆名师关怀
打造名师品牌
培育名师群体

程明远题

班主任

教育智慧

王艳丹 ◎ 著

西安出版社

图书在版编目（CIP）数据

班主任教育智慧 / 王艳丹著. —— 西安 : 西安出版
社, 2024. 11. —— ISBN 978-7-5541-7887-4

Ⅰ. G451.6

中国国家版本馆CIP数据核字第20244RS689号

班主任教育智慧
BANZHUREN JIAOYU ZHIHUI

出版发行：西安出版社
社　　址：西安市曲江新区雁南五路 1868 号影视演艺大厦 11 层
电　　话：（029）85264440
邮政编码：710061
印　　刷：北京政采印刷服务有限公司
开　　本：710mm×1000mm　1 / 16
印　　张：15.5
字　　数：270千字
版　　次：2025 年 3 月第 1 版
印　　次：2025 年 3 月第 1 次印刷
书　　号：ISBN 978-7-5541-7887-4
定　　价：58.00 元

序 言

探寻教育智慧之源

在浩瀚的教育海洋中，智慧如同璀璨的星辰，照亮着教育者前行的道路。当我们谈论教育智慧时，我们谈论的不仅是一种教学方法或者策略，更是一种深邃的、全面的、富有洞察力的教育理念。教育智慧，既包含了对学生个体的深刻理解，也蕴含了对教育过程的精湛把握，更体现了对教育目的的深远思考。

探寻教育智慧之源，首先需要我们回溯教育的本质。教育，从根本上来说，是人类社会为了传承知识、技能和价值观而进行的一种社会实践活动。在这个过程中，教育者不仅传授知识，更重要的是启迪智慧、培养品德、塑造人格。因此，教育智慧直接关系到教育活动的质量和效果。

教育智慧并非凭空而来，它源自教育者对教育事业的深刻理解和热爱。一个优秀的教育者，必然是一个善于学习、勤于思考的人。他不仅要掌握丰富的教育理论知识，还要在实践中不断探索、总结，形成自己独特的教育理念和方法。这样的教育者，才能在面对复杂多变的教育情境时，游刃有余地运用教育智慧，引导学生健康成长。

探寻教育智慧之源，还需要我们关注教育的对象——学生。每个学生都是独一无二的个体，他们有着不同的兴趣、爱好、天赋和潜能。能够根据学生的特点因材施教，是教育智慧的重要体现。优秀的教育者会细心观察、深入了解每一个学生，为他们量身定制合适的教育方案。这样的教育方案不仅能激发学生的学习兴趣和动力，还能帮助学生发掘自己的潜能，实现个性化发展。

在探寻教育智慧之源的过程中，我们还应关注教育的时代背景和社会环境。随着科技的飞速发展和社会的深刻变革，教育领域也面临着前所未有的挑战和机遇。

如何适应新时代的教育需求，培养出既具备扎实知识技能又拥有创新精神和实践能力的人才，是每一位教育者都需要深入思考的问题。在这个过程中，教育智慧将发挥至关重要的作用。

教育智慧还体现在对教育资源的整合和优化上。优秀的教育者会充分利用各种教育资源，包括教材、教具、多媒体资源等，为学生创设丰富多彩的学习环境。他们还会积极寻求与家长、社区等各方面的合作，共同促进学生的全面发展。

当我们深入探寻教育智慧之源时会发现，它其实就蕴含在每一个教育者的心中。只要我们怀揣着对教育的热爱和对学生的责任感去不断追求、实践和反思，就能在教育这片广阔的天地中绽放出属于自己的智慧之光。

当然，我们不能忽视的是，教育智慧并非一蹴而就的。它需要教育者在长期的教育实践中不断积累、提炼和升华。每一次成功的教育实践都是对教育智慧的一次验证和丰富；每一次失败的教训也都是对教育智慧的一次磨砺和提升。因此我们应该珍惜每一次教育实践的机会，并用心去感受、去体验、去总结，让教育智慧在我们的心中生根发芽茁壮成长。

最后，探寻教育智慧之源不仅是对教育者个体的一种挑战和要求，更是对整个教育事业的一种推动和引领。只有当我们每一个教育者都能深刻理解并掌握教育智慧的精髓时，我们的教育事业才能不断向前发展，培养出更多优秀的人才为社会的进步和繁荣做出更大的贡献。

在这个充满变革与挑战的时代，让我们携手共进，以教育智慧为引领，共同探寻教育的真谛和价值，为孩子们的未来撑起一片更加广阔的天空！

目 录

第四章 课堂管理与教学艺术

第五章 班主任领航与班级管理

第六章 时间管理与工作效率

第七章 家校合作与协同育人

第八章　班主任的成长路径

第九章　德育引领与学生品格培养

第十章　重视生涯规划教育

第一章
教育的智慧

在教育的浩瀚海洋中，智慧如同璀璨的明珠，照亮着前行的道路。我们踏上这场探寻之旅，不仅是为了找寻教育的方法与策略，更是为了深刻理解教育的本质与意义。从哲学的深邃思考中，我们汲取着智慧的养分，探寻着教育的本源与目的；在认知的广阔天地里，我们见证着智慧的火花如何点燃思维的灯塔，引领着学生走向知识的殿堂；而在情感的细腻世界里，我们体会到智慧的温暖与力量，它如同春风化雨，滋润着学生的心田，让爱与关怀在教育的土壤中生根发芽。展望未来，教育智慧更是如同指引灯塔，照亮我们前行的方向，让我们携手共进，迎接未来的挑战与机遇。在这段探寻教育智慧的旅程中，我们不仅收获着知识与智慧，更在教育的道路上不断前行，书写着属于我们的精彩篇章。

第一节　寻本探源：教育智慧的哲学基础

当我们深入探讨教育智慧时，不可避免地要触及其哲学基础。哲学，作为探究世界本原、人生意义和价值观念的学科，为教育智慧提供了深层次的思考框架和理论基础。教育智慧的哲学基础，不仅关乎我们对教育的根本看法，还涉及我们如何理解知识、如何认识人的本质，以及如何看待教育与社会、历史、文化等复杂因素的关系。

一、教育智慧与哲学的内在联系

教育智慧与哲学之间存在着紧密的内在联系。哲学对于教育的指导作用，体现在对教育目的、教育内容、教育方法等各个方面的深刻思考。通过哲学的视角，我们能够更加清晰地认识到教育的本质和功能，进而在教育实践中运用智慧，实现教育的最终目标。

首先，哲学帮助我们明确教育的目的。在哲学的指引下，我们认识到教育的目的不仅是传授知识，更重要的是培养学生的思维能力、创新精神和道德品质。教育应该致力于促进学生的全面发展，使其成为具有独立思考能力、健全人格和良好社会责任感的公民。

其次，哲学对教育内容的选择具有指导意义。在哲学的审视下，我们发现传统的知识灌输式教育已经无法满足现代社会的需求。因此，我们需要重新审视教育内容，注重培养学生的批判性思维、创新思维和解决问题的能力。教育内容还应该包含对人性、道德、价值观等方面的深入探讨，以帮助学生建立正确的世界观、人生观和价值观。

最后，哲学对教育方法的改进也起到了积极的推动作用。在哲学的启示下，我们意识到教育方法应该更加注重学生的主体性和实践性。通过采用启发式、讨论式、案例式等多样化的教学方法，我们可以激发学生的学习兴趣和积极性，培养其自主学习和合作学习的能力。

二、教育智慧的哲学溯源

（一）古希腊哲学与教育智慧

古希腊哲学是西方哲学的源头，对教育智慧产生了深远的影响。古希腊哲学家们强调理性、智慧和德行的重要性，认为这些是教育的核心目标。他们通过辩证法和问答法等教学方法，培养学生的逻辑思维能力和批判精神。这种教育理念和方法，为后来的教育智慧提供了宝贵的启示。

例如，苏格拉底通过问答法引导学生自我发现真理，这种教学方法强调学生的主体性和主动性，有助于培养学生的独立思考能力和创新精神。柏拉图则提出了"哲学王"的教育理念，强调哲学对于统治者和公民教育的重要性，他认为通过哲学的教育可以培养出具有高尚品德和智慧的领导者。亚里士多德更是将教育视为实现个人和社会幸福的途径，他提出了全面和谐发展的教育理念，注重培养学生的德、智、体等多方面素质。

古希腊哲学对于教育智慧的贡献不仅在于其教育理念和方法，更在于其对于人性、道德和智慧等核心概念的深入探讨。这些概念不仅是教育的基础，也是人类文明的基石。

（二）近代哲学与教育智慧

随着近代哲学的兴起，教育智慧也得到了新的发展。近代哲学家们开始关注人的自由、权利和尊严等价值观念，这些观念对教育产生了深远的影响。他们强调教育应该尊重学生的个性、自由和创造性，培养学生的独立思考能力和批判精神。

例如，卢梭提出了"自然教育"的理念，强调教育应该顺应学生的天性和兴趣，让学生在自然和自由的环境中成长。他认为，这种教育方式能够培养学生的自主性和创造性，使其成为具有独立思考能力和健全人格的公民。康德则提出了"人是目的"的哲学命题，强调教育应该尊重学生的个性和权利，培养学生的道德自律和自由精神。他认为，教育不仅是传授知识，更重要的是培养学生的道德品质和价值观念。

近代哲学对于教育智慧的贡献在于其强调学生的主体性和自由精神的培

养，这些观念为现代教育理念和方法提供了重要的理论基础与实践指导。

（三）现代哲学与教育智慧

现代哲学对于教育智慧的影响更加深远和广泛。现代哲学家们开始关注语言、文化、社会和历史等复杂因素对教育的影响，这些因素使得教育变得更加多元化和复杂化。他们强调教育应该注重学生的文化背景和社会环境，培养学生的跨文化交流能力和社会责任感。

例如，后现代主义哲学强调多元文化和相对主义的价值观念，对教育产生了深刻的影响。后现代主义教育理念注重学生的个体差异和文化多样性，提倡师生之间的平等对话和合作学习。这种教育理念有助于培养学生的批判性思维和创新能力，促进其全面发展。存在主义哲学则关注人的存在意义和自由选择的价值观念，对教育也产生了重要的影响。存在主义教育理念强调学生的自由选择和自我实现的重要性，提倡个性化教育和学生中心的教育理念。这种教育理念有助于培养学生的自主性和创造性，激发其内在的学习动力。

现代哲学对教育智慧的贡献在于其提供了更加多元化和复杂化的思考框架与理论基础，使我们能够更加深入地理解教育的本质和功能，进而在教育实践中运用智慧实现教育的最终目标。

三、教育智慧在当代的实践意义

在当代社会，教育智慧不仅具有深远的理论意义，更具有迫切的实践意义。随着科技的飞速发展和社会的深刻变革，教育领域面临着前所未有的挑战和机遇。如何适应新时代的教育需求，培养出既具备扎实知识技能又拥有创新精神和实践能力的人才，是每一位教育者都需要深入思考的问题。在这个过程中，教育智慧将发挥至关重要的作用。

教育智慧有助于教育者更好地理解和应对当代社会的教育需求。在信息化、全球化的时代背景下，学生需要具备更强的跨文化交流能力、信息素养和创新能力等。教育者通过运用教育智慧，可以更加精准地把握这些需求，从而调整教育策略和方法，帮助学生更好地适应未来社会的发展。

教育智慧有助于提升教育质量。通过深入理解学生、关注学生的个性差异和发展需求、创造有利于学习的环境和氛围等措施，教育者可以激发学生的学习兴趣和积极性，提高其学习效果和综合素质。这不仅可以提升学生的学习成绩和升学率等硬指标，更可以培养学生的创新精神、实践能力和社会责任感等软实力。

　　教育智慧有助于推动教育创新和改革。在当代社会，教育领域面临着诸多问题和挑战，如教育资源不均衡、教育评价方式单一等。通过运用教育智慧，我们可以更加深入地分析这些问题的根源和解决方案，从而推动教育的创新和改革。这不仅可以提升教育的整体质量和效益，更可以为社会的进步和发展做出积极的贡献。

第二节 认知之光：教育智慧的认知发展

教育智慧，作为一系列深层次认知的构成，不仅深化了教师对教育的规律和技巧、学生成长和心理等多方面的理解，而且通过推动教师的育人认知发展，展现了其基于认知发展的核心价值和在提升教育质量中的关键作用。

一、教育智慧是一系列认知构成

教育智慧，这是一个既深邃又富有实践性的概念，它实际上是由一系列细致入微、层次丰富的认知所共同构建的。这些认知元素，像是璀璨的星辰，汇聚成了教育智慧的银河。它们涉及对教育根本规律的洞察、对学生个性化成长规律的把握、对教育策略的娴熟运用，以及对学生内心世界的深刻解读。正是这些元素，共同构成了教育智慧的内核，使得教育者能在教育的征途上，行走得更加稳健与自如。

（一）对教育规律的深刻洞察

教育规律，作为教育活动中那些客观存在、必然发生且稳定联系的要素，是教育智慧的首要认知对象。这些规律如同自然界中的法则，不容置疑，不可违背。教育者要想在教育实践中取得成功，就必须深入理解并遵循这些规律。

教育的社会性，指的是教育与社会发展之间的紧密联系。教育者需要认识到，教育不仅是传授知识，更是培养适应社会、能够为社会做出贡献的人才。因此，教育者必须时刻关注社会的变化，调整教育内容和方式，以适应社会的需求。

教育的历史性，则要求教育者看到教育是在不断发展变化的。不同的历史时期，教育有着不同的目标和要求。教育者需要了解历史，从中汲取经验，以更好地指导当前的教育实践。

教育的心理性，是教育者必须深入探索的领域。教育不仅是知识的传递，更是心灵的交流。教育者需要了解学生的心理特点，尊重他们的个性和差异，以更加人性化、科学化的方式开展教育。

只有深刻洞察了这些教育规律，教育者才能制定出符合学生实际的教学策略和方法，从而在教育实践中取得更好的效果。

（二）对学生成长规律的精准把握

每个学生都是独一无二的个体，他们有着不同的成长轨迹和发展速度。因此，教育者需要细心观察并理解每个学生的差异，以便为他们提供最适合的教育。这种对学生成长规律的精准把握，是教育智慧的重要组成部分。

学生的成长是一个复杂而多变的过程，受到遗传、环境、教育等多种因素的影响。教育者需要通过长期的观察和了解，发现每个学生的独特之处，以及他们在成长过程中可能遇到的问题和困难。只有这样，教育者才能制订出个性化的教育方案，帮助学生更好地成长和发展。

教育者还需要具备敏锐的洞察力和丰富的教育经验，以便在学生的成长过程中给予他们最合适的指导和帮助。这需要教育者不断学习和实践，提升自己的专业素养和教育能力。

（三）对教育技巧的娴熟运用

教育技巧是教育者在实践中总结出来的有效方法和手段，它们能够帮助教育者更好地传授知识、引导学生思考、激发学生的学习兴趣和提高他们的学习效果。因此，对教育技巧的娴熟运用也是教育智慧的重要体现。

启发式教学、情境教学、合作学习等都是常用的教育技巧。这些技巧各有特点，适用于不同的教学场景和学生群体。教育者需要根据实际情况灵活运用这些技巧，以提高教学质量和效果。

教育者还需要不断学习和探索新的教育技巧与方法，以适应不断变化的教育环境和学生需求。只有不断创新和改进教育方法，教育者才能保持教育智慧的活力和有效性。

（四）对学生心理的深刻解读

学生的心理发展是影响其学习效果的重要因素之一。因此，对学生心理的深刻解读也是教育智慧中的关键环节。教育者需要深入了解学生的心理需求、情感变化和行为习惯，以便更好地与他们进行沟通和交流。

了解学生的心理需求是建立良好师生关系的基础。每个学生都有被关注、被理解和被尊重的需求。教育者需要关注每个学生的情感状态，及时发现他们的困惑和问题，并给予积极的回应和支持。教育者还需要尊重学生的个性和差异，以更加包容和理解的态度来面对学生的不同表现与行为习惯。

通过深入了解学生的心理世界并与之建立紧密的联系，教育者可以更加有效地传递知识、引导学生思考和促进学生的全面发展。这种对学生心理的深刻解读和关注不仅体现了教育者的专业素养与教育智慧，更是对学生全面发展的有力保障和支持。

二、教育智慧发展是基于认知的发展

教育智慧，作为教育领域的瑰宝，其形成与发展深深植根于教育者的认知进步。这种认知不仅是对书本知识的简单理解，更是对教育实践、学生特性以及教育现象的深度把握。当教育者的认知得以发展和深化，其教育智慧也会随之增长，从而更好地服务于教育事业和学生的成长。

（一）认知发展深化对学生学习过程的理解

随着教育者经验的累积和对教育的持续反思，他们对学生的学习过程有了更为深入的理解。学习，这一看似简单的行为，实际上是一个复杂且多变的系统过程。它受到学生个体、学习环境、教学方法、心理动机等多重因素的共同影响。

在传统的教育观念中，学习可能被视为一个孤立、线性的过程，学生只需按照既定的教材和步骤进行即可。但随着教育者认知的发展，他们开始意识到，每个学生都是独一无二的，其学习方式、速度和兴趣点都有所不同。因此，学生的学习过程并非一成不变，而是充满了变化和可能性。

这种深入的理解促使教育者更加注重学生的个体差异。他们开始关注学生的学习动机、情感需求以及学习策略，努力创造一个既能够适应大多数学生，又能够满足个别学生特殊需求的学习环境。例如，面对一个对学习缺乏兴趣的学生，教育者不再单纯地责备或强迫，而是尝试了解其背后的原因，寻找激发其学习兴趣的方法。

（二）认知发展提升对教育现象的敏锐洞察

在日常的教学实践中，教育者会遇到形形色色的教育现象，其中既有学生的学习困难、行为问题，也有教育政策的变化、社会环境的影响等。对于这些现象，简单的判断和应对往往难以触及问题的核心。

随着教育者认知的发展，他们逐渐培养出对教育现象的敏锐洞察力。这种洞察力使他们能够透过现象看本质，准确地捕捉到现象背后的深层次原因。例如，当面对一个学生的学习成绩突然下滑时，教育者不再仅仅将其归咎于学生的不努力或能力不足，而是会深入探究其背后的原因，如家庭变故、心理压力、学习方法不当等。

这种洞察力还使教育者能够及时发现教育实践中存在的问题和隐患，从而采取相应的措施进行干预和改进。例如，当教育者发现某种教学方法在实际应用中效果不佳时，他们会及时调整策略，尝试其他更为有效的方法。

（三）认知发展增强对教育挑战的灵活应对能力

在当今这个快速变化的时代，教育领域也面临着前所未有的挑战。技术的变革、教育政策的调整、社会观念的转变等都给教育者带来了新的考验。面对这些挑战，教育者的认知发展显得尤为重要。

通过不断的学习和实践，教育者的认知得以不断深化和拓展。他们开始学会从不同的角度和层面去看待与解决问题，逐渐培养出对教育挑战的灵活应对能力。例如，随着信息技术的迅猛发展，多媒体和网络教学逐渐成为主流。面对这一变革，具有高深教育智慧的教育者不仅能够迅速掌握相关技能并将其应用于实际教学中，还能够根据学生的需求和特点进行个性化的教学设计。

这种灵活的应对能力也使教育者在面对突发事件或复杂情况时能够迅速做出判断和决策，调整教学方式和方法，确保学生的学业不受影响。

三、教育智慧能推动教师的育人认知发展

教育智慧，作为教师职业素养的精髓，其实质远超过教学技巧或策略的范畴。它更多地体现在教师如何深化对教育的整体认知，如何以更为全面、深入的视角看待学生的成长与教育。这种智慧不仅引领教师传授学科知识，更重要的是引导他们理解并实践如何真正育人，如何助力学生的全面发展。

（一）教育智慧与对学生个体差异的深刻认知

具备教育智慧的教师能够充分认识到每一个学生都是独一无二的。这种独特性不仅体现在学生的学习能力、兴趣爱好上，更深入他们的性格、价值观以

及人生目标。教育智慧推动教师去观察、去理解这些细微的差异，并根据这些差异为学生提供更为贴合的教学方法和成长路径。

例如，面对一个对科学充满热情但数学基础相对薄弱的学生，具备教育智慧的教师不会一味地强迫他提高数学成绩，而是会尝试找出他对科学的兴趣点，结合数学知识，设计寓教于乐的教学活动。这样，学生不仅能够在自己热爱的领域得到发展，同时也能够补齐其他学科的短板。

个性化的教育方式，正是教育智慧推动教师育人认知发展的一个缩影。它让教师不再拘泥于传统的、一成不变的教学模式，而是敢于创新，勇于尝试，真正做到因材施教。

（二）教育智慧与对教育本质和目标的深入思考

教育智慧还体现在教师对教育本质和目标的深入思考上。教育，绝不仅仅是知识的传授，更重要的是如何帮助学生建立健全的人生观、价值观，如何培养他们的批判性思维，如何激发他们的创新精神和实践能力。

具备教育智慧的教师会时刻反思：教育的真正目标是什么？我们如何更好地实现这些目标？在这样的思考下，教师会更加注重学生的全面发展，而不仅仅是学术成绩。他们会设计更为丰富多样的教学活动，让学生在实践中学习，在学习中实践，真正实现知行合一。

例如，教师可以组织学生参与社会实践活动，如环保项目、社区服务等，让学生在亲身体验中感受到社会责任的重要性，同时也锻炼了他们的团队合作和问题解决能力。

（三）教育智慧与对教育环境的敏锐洞察

教育环境是不断变化的，这种变化既包括政策层面的调整，也包括社会需求和技术进步的推动。具备教育智慧的教师能够敏锐地捕捉到这些变化，并及时调整自己的教学策略和方法。

例如，随着信息技术的飞速发展，现代教育技术在教学中的应用越来越广泛。具备教育智慧的教师会积极学习并掌握这些技术，将其有效地融入课堂教学中，提高教学效果。他们也会关注教育政策的变化，确保自己的教学实践与国家政策保持一致，为学生提供最为优质的教育环境。

这种对教育环境的敏锐洞察和灵活应对，是教育智慧推动教师育人认知发展的又一重要体现。它让教师能够时刻保持与时俱进的教学态度和方法，确保教育的先进性和有效性。

（四）教育智慧与教师的持续学习和自我提升

　　教育智慧还有助于教师形成持续学习和自我提升的意识。教育是一个永无止境的学习过程，无论是教师还是学生，都需要不断地学习、进步。具备教育智慧的教师知道，要想更好地育人，首先自己要成为一个终身学习者。

　　他们会主动参加各种专业培训、研讨会，阅读最新的教育类书籍和文章，与同行交流经验心得。通过这样的方式，他们不仅能够提升专业素养和教育能力，还能够为学生树立一个良好的学习榜样。

　　持续学习也让教师保持对教育行业的热情和动力。他们知道，只有不断地学习、进步，才能够更好地应对教育中的各种挑战和问题，为学生提供更为优质的教育服务。

第三节　情感之维：教育智慧与情感培育

教育不仅是知识的传授，更是情感的交流和培育。作为班主任，我深知教育不仅是知识传授，更是情感培育，因此我运用教育智慧，以爱为基石构建和谐师生关系，营造情感氛围打造温馨班级，以情动人激发学生的学习兴趣，并通过情感沟通化解学生的心理困惑，促进学生的全面发展。

一、以爱为基石，构建和谐师生关系

爱是教育的灵魂，是构建和谐师生关系不可或缺的基石。在漫长的教育生涯中，我深刻体会到，只有用真诚和关爱去感染每一个学生，才能收获他们的信任和尊重，进而建立起一种深厚的师生情感联系。

我始终坚信，每一个学生都是独一无二的个体，他们各自拥有不同的潜能和才华。因此，我始终尊重每一个学生，把他们当作独立的个体来对待，而不是简单地以成绩来评判他们。在我的班级里，每个学生都能感受到平等的关注和机会，无论他们的成绩如何。我时常与他们交流，了解他们的想法和需求，让他们知道，在这个班级里，每一个人都是重要的，每一个人的声音都会被倾听。

与学生的沟通是我日常工作的重要组成部分。我深知，只有真正了解学生，才能更好地教育他们。因此，每当学生遇到困难或问题时，我都会耐心倾听他们的诉说，尽我所能提供积极的建议和支持。我不仅是他们的老师，更是他们的朋友和倾诉对象。在这个过程中，我也收获了无数的感动和信任，这让我更加坚定了以爱为基石的教育理念。

除了日常的沟通和交流外，我还关注学生的成长和进步。每当他们取得优异的成绩或表现出色时，我都会及时给予肯定和鼓励。我相信，每一个学生都有无穷的潜力，只要给予他们足够的支持和鼓励，他们就能够不断超越自己，实现自我价值的最大化。我也会毫不吝啬地给予赞美和奖励，激发他们的学习动力和自信心，让他们在学习的道路上勇往直前。

通过这些持续的努力和付出，我与学生之间建立了深厚的情感纽带。他们愿意与我分享自己的喜怒哀乐，也乐于接受我的教育和引导。这种和谐的师生关系不仅让我在教育工作中感受到了无尽的快乐和成就感，也为学生的全面发展奠定了坚实的基础。

当然，构建和谐师生关系并非一蹴而就的事情，它需要我们持续地付出努力和耐心。但只要我们始终坚持以爱为基石的教育理念，用心去关爱每一个学生，就一定能够收获满满的幸福和成果。

在未来的教育工作中，我将继续秉承这种以爱为基石的教育理念，用真诚和关爱去感染每一个学生，与他们共同创造更加美好的教育未来。

二、营造情感氛围，打造温馨班级

班级不仅是学生学习的地方，更是他们成长的重要场所。因此，作为班主任，我深知营造良好的情感氛围、打造温馨班级的重要性。一个温馨、和谐的班级环境能够让学生感受到家的温暖和关爱，进而促进他们的全面发展。

为了营造这样的环境，我鼓励学生之间的互助与合作。通过组织各种团队活动和小组讨论，我让学生感受到团队合作的力量和友谊的温暖。在这些活动中，他们学会了相互支持、共同进步，形成了积极向上的班级风气。每当看到他们在活动中互相帮助、共同解决问题时，我都深感欣慰。这种团结友爱的氛围不仅提高了学生的学习效率，还让他们在班级中找到了归属感。

除了鼓励学生之间的互助与合作外，我还注重班级文化的建设。通过设立班级图书角、展示学生的优秀作品等方式，我为学生营造了一个充满文化气息的学习环境。这些举措不仅激发了学生的学习兴趣，还培养了他们的审美情趣和人文素养。在班级图书角中，学生们可以借阅各种书籍，拓宽自己的视野；在展示优秀作品的过程中，他们也可以相互学习、共同进步。

我始终关注学生的心理健康。为了帮助学生缓解学习压力、增强心理承受能力，我定期组织心理健康教育活动，如心理讲座、团体辅导等。这些活动让学生了解了心理健康的重要性，并教会了他们如何调节情绪、面对挫折。通过这些活动，学生们不仅学会了如何保持积极的心态，还掌握了应对困难的方法和技巧。

通过这些措施的实施，我成功地打造了一个温馨、和谐的班级环境。学生们在这里感受到了家的温暖和关爱，他们的情感得到了充分的培育和滋养。这种良好的班级氛围不仅提高了学生的学习效果，还促进他们的身心健康发展。我相信，在这样的环境中成长起来的学生将更加自信、乐观、积极向上。

当然，营造情感氛围、打造温馨班级是一个持续的过程，需要我们不断地付出努力和耐心。但只要我们始终坚持以学生为中心的教育理念，用心去关爱每一个学生，就一定能够为他们创造一个更加美好的学习环境。

三、以情动人，激发学生的学习兴趣

情感，这一人类最为复杂且细腻的体验，是激发学生学习兴趣的重要因素。作为班主任，我深知情感在教学中的巨大作用，因此善于运用各种情感因素，激发学生的学习热情和动力。

为了让学生对学习内容产生浓厚的兴趣，我首先注重教学内容的情境化设计。通过精心创设生动、有趣且贴近学生实际的教学情境，我让学生仿佛置身于知识的海洋中，亲身感受知识的魅力和学习的乐趣。例如，在讲述历史故事时，我会穿上古代服饰，用生动的语言和表情将学生们带入那个时代，让他们仿佛亲眼见证历史的发展。这种情境化的教学方式极大地增强了学生的学习体验，使他们在轻松愉快的氛围中掌握知识，提升学习效果。

我始终关注学生的个体差异和情感体验。每个学生都是独一无二的个体，他们有着不同的学习特点和情感需求。因此，我始终坚持因材施教、个性化指导的原则，根据学生的实际情况制订合适的教学方案。通过与学生进行一对一的辅导和交流，我深入了解他们的学习困难和需求，帮助他们找到适合自己的学习方法，从而激发他们的学习潜能。

为了进一步激发学生的学习兴趣，我还运用多样化的教学手段和激励机制。我定期组织各种竞赛、展示等活动，让学生有机会展示自己的才华和成果。在这些活动中，学生们可以充分发挥自己的创造力和想象力，将自己的学习成果以独特的方式呈现出来。这不仅增强了他们的自信心和成就感，还激发了他们的学习动力和进取心。我也非常注重对学生的进步和优秀表现进行及时表彰与奖励，以此鼓励他们继续努力，追求卓越。

四、情感沟通，化解学生心理困惑

在学生的成长过程中，心理困惑和问题是难以避免的。作为班主任，我深知与学生进行情感沟通的重要性，因此始终注重与学生建立良好的情感联系，及时化解他们的心理困惑。

为了让学生感受到我的关心和支持，我首先建立了一个开放、包容的沟通环境。我鼓励学生随时向我倾诉自己的烦恼和困惑，无论是学习上的问题还是生活上的困扰。每当有学生找到我时，我都会耐心地倾听他们的诉说，并给予积极的反馈和建议。我始终保持平和、友善的态度，让学生感受到我的真诚和善意，从而建立起深厚的信任感。

除了日常的沟通外，我还特别注重个别辅导和心理咨询。对于一些有特殊心理需求的学生，我会与他们进行一对一的深入交流，提供专业的心理辅导和帮助。在这个过程中，我运用心理学知识和技巧，帮助学生找到问题的根源，并制订有效的解决方案。例如，对于焦虑、抑郁等心理问题，我会引导学生通过呼吸练习、放松训练等方式来缓解情绪；对于人际关系问题，我会教授学生有效的沟通技巧和处理方法。这种个别化的辅导方式让学生感受到了我的专业和用心，也提高了他们的心理素质和应对能力。

为了更好地了解学生的心理状态和需求，我还会定期组织心理健康调查和活动。通过这些调查和活动，我能够及时发现学生的心理问题，并针对问题进行干预和辅导。我也会与家长保持密切联系，共同关注学生的心理健康成长。

第四节　面向未来：教育智慧与未来之光

面向未来，教育智慧将引领教育领域实现人工智能与教育的深度融合、广泛应用虚拟现实与增强现实技术、凸显情感智能的重要性，并最终构建完善的终身学习体系，推动教育走向更加高效、个性化和创新的时代。

一、人工智能与教育深度融合

随着科技的日新月异，人工智能（AI）已逐渐渗透到我们生活的方方面面，而在教育领域，这一技术更是展现出其强大的潜力和无限的可能性。未来，人工智能将在教育领域发挥巨大作用，实现与教育的深度融合，给学习、教学和评估带来前所未有的变革。

通过自然语言处理、机器学习等先进技术，人工智能可以精确分析学生的学习习惯、能力水平和兴趣爱好。想象一下，一个智能系统能够实时监控学生的学习进度，理解他们的学习方式和偏好，从而为他们量身打造个性化的学习路径。这意味着每个学生都将得到最适合自己的学习资源和方法推荐，不再是"一刀切"的教育模式。

而这样的个性化教育，不仅有助于提高学生的学习效率，更能培养他们的学习兴趣和自主学习能力。当学生发现所学内容与自己的兴趣和目标紧密相连时，他们的学习动力自然会大增。

除了个性化学习路径的推荐外，智能教学系统还能根据学生的学习进度和反馈，实时调整教学内容和难度。例如，当一个学生在某个知识点上表现出困难时，系统可以自动调整教学计划，提供更多相关的练习和解释，确保学生能够完全掌握。动态调整的教学方式，确保了每位学生都能在最适合自己的节奏中学习，避免了因学习进度不匹配而造成的压力和挫败感。

更为神奇的是，人工智能还可以辅助教师进行课堂管理和学生评估。在传统的教学模式中，教师需要花费大量的时间和精力进行课堂管理与学生评估。然而，借助人工智能的力量，这些烦琐的工作将变得轻而易举。

通过大数据分析和模式识别，人工智能可以迅速处理大量的学生数据，为教师提供更全面、更准确的学生学习状态和需求报告。这意味着教师可以更快速地发现学生的学习问题和需求，及时进行针对性指导。智能评估系统还能自动分析学生的学习成果，为教师提供更客观、更科学的评估依据。

人工智能与教育深度融合还带来了更多的可能性。例如，智能辅导系统可以为学生提供全天候的在线辅导服务，解答他们在学习过程中遇到的各种问题。智能推荐系统则可以为学生推荐与他们兴趣相关的课外读物和学习资源，丰富他们的学习体验。

二、虚拟现实与增强现实技术的广泛应用

在教育领域，虚拟现实（VR）和增强现实（AR）技术的引入正掀起一场革命性的变革。这些前沿技术让学生有机会身临其境地体验各种学习场景，从而极大地激发了他们的学习兴趣和动力，并提高了对知识的理解和应用能力。

通过VR技术，学生仿佛能够穿越时空，亲临历史事件现场。他们可以置身于古代罗马的斗兽场，感受那个时代的氛围；也可以探访古埃及的金字塔，了解古老文明的辉煌。沉浸式的学习方式，不仅让学生更加直观地理解历史，还激发了他们对历史的兴趣和好奇心。

在科学实验中，VR和AR技术也展现出了巨大的优势。以往，由于实验设备、场地和安全等因素的限制，许多复杂的科学实验难以在课堂上进行。然而，借助VR和AR技术，学生可以在虚拟实验室中进行各种复杂的实验操作，观察实验现象，探究科学原理。

除了历史和科学实验外，VR和AR技术还在地理探险领域发挥了重要作用。学生可以通过这些技术，探索世界各地的自然景观和人文风情。他们可以攀登珠穆朗玛峰，感受高山的壮丽；也可以潜入深海，探索神秘的海洋世界。

VR和AR技术在远程教育与在线教育平台上的应用也日益广泛。学生可以通过虚拟教室与全球各地的同学和老师进行互动学习，打破地域限制，实现教育资源的共享和优化配置。

值得一提的是，VR和AR技术还可以与其他教育技术和方法相结合，如游戏化学习、协作式学习等，共同构建一个多元化、互动式的学习环境，激发学生的学习兴趣和创造力，提高学习效果和综合素质。

三、终身学习体系的构建

随着社会的快速发展和技术的不断进步，人们越来越意识到学习不再是一个阶段性的任务，而应成为一种持续的生活方式。终身学习体系的构建正是基于这样的理念，旨在打破传统教育的束缚，让学习真正融入每个人的日常生活，贯穿人的一生。

面向未来，教育将不再局限于学校的围墙之内，而是延伸到社会的各个角落，涵盖人生的各个阶段。终身学习体系将成为教育发展的重要方向，引领我们走向一个更加开放、多元、灵活的学习时代。

在这个体系中，每个人都可以根据自己的需求和兴趣进行持续学习与提升，不再受到年龄、时间和地点的限制。无论你是学生、职场人士，还是退休老人，都能找到适合自己的学习资源和方式，不断提升自己，追求更好的自我。

为了实现这一目标，未来教育将更加注重学习资源的开放性和共享性。传统的教育资源往往受到地域、时间和经济条件的限制，使得许多人无法获得优质的教育机会。然而，在终身学习体系中，这些限制将被逐渐打破。

在线课程、慕课、微课程等数字化学习资源将更加丰富和多样化，满足不同人群的学习需求。这些资源不仅覆盖了各种学科领域，还包括了职业技能、兴趣爱好、生活技能等多方面的内容。人们可以根据自己的兴趣和需求，随时随地选择适合自己的课程进行学习。

"学分银行""学习成果认证"等制度也将逐步完善，为终身学习提供有力保障。这些制度能够记录和认证个人的学习成果，使得学习成果在不同领域和情境中得到认可与应用。这不仅有助于激发人们的学习动力，还能为他们的职业发展和社会地位提升提供更多机会。

除了学习资源的开放性和共享性外，终身学习体系还强调学习的个性化和自主性。每个人都有自己独特的学习方式和节奏，终身学习体系将充分尊重这种差异性，为学习者提供个性化的学习路径和资源推荐。学习者也将拥有更多的自主权，能够自主选择学习内容、学习方式和学习时间，从而更好地满足自己的学习需求。

终身学习体系还将注重学习的社会性和实践性。学习不仅是个人的行为，更是社会互动和合作的过程。在终身学习体系中，学习者将有更多机会参与社区、团队或项目中的学习，通过与他人交流和合作，共同解决问题，提升学习效果。体系也将强调学习的实践性，鼓励学习者将所学知识应用到实际生活和工作中，提高学习的实用性和影响力。

终身学习体系的构建是一个长期而复杂的过程，需要政府、教育机构、企业和个人等多方共同努力。政府应制定相关政策，提供资金和资源支持，推动终身学习体系的发展。教育机构应积极开发优质的学习资源，提供灵活多样的学习方式，满足不同人群的学习需求。企业应重视员工的终身学习，为员工提供学习和发展的机会，提高企业的创新能力和竞争力。个人则应树立终身学习的理念，不断追求知识和技能的提升，实现个人价值和社会价值的共同增长。

第二章
爱与情感育人｜02

在教育的广阔天地中，爱与情感如同璀璨的星辰，照亮学生前行的道路。它们不仅是教育的催化剂，更是塑造灵魂的熔炉。当我们谈论爱与情感育人时，我们谈论的是一种深远而细腻的教育方式，它触及心灵，温润如水，却能产生无尽的力量。在这里，爱被赋予了教育的神圣使命，成为情感教育的坚实基石。它不仅滋养着学生的内心，还引领他们走向光明与希望。而心灵的感召，则如同春风化雨，润物无声，在师生间架起了一座通往彼此内心的桥梁。通过情商的修养，我们培养学生驾驭情绪的智慧，使他们在人生的航程中能够应对风浪，坚韧不拔。最后，我们深入挖掘学生的内在驱动力，用爱与关怀去点燃他们心中的火焰，激发他们的潜能与热情。在爱与情感的熏陶下，学生都将成为独一无二的瑰宝，闪耀着属于自己的光芒。让我们携手并进，用爱与情感书写教育的华章，共同见证学生们在成长的道路上绽放的绚丽光彩。

第一节　爱的力量：情感教育的基石

爱，作为人类最深沉、最真挚的情感，是情感教育的基石。在教育领域，爱的力量不容忽视。它不仅能够滋润学生的心田，促进他们健康成长，还能够激发他们的学习兴趣和动力，培养他们的团队协作能力和社会责任感。因此，作为教师，我们应该充分发挥爱的力量，在教育中注重情感教育，用爱心去温暖学生，帮助他们走向成功的人生道路。

一、爱的力量：温暖与关怀的传递

首先，爱的力量在教育中最直接的体现就是温暖与关怀。在孩子们成长的道路上，他们需要的不仅是知识的灌输，更是情感的滋养。当教师以满怀爱意的目光注视每一个学生，用温暖的话语鼓励他们时，这种深情的关怀就如同阳光雨露般滋养着学生的心田。

温暖的力量具有无穷的魔力，它能够让学生感受到自己被关注、被接纳，从而催生出内心的自信与力量。在爱的包围中，学生们会更加勇敢地面对生活中的挑战与困难，因为他们知道，无论何时何地，都有那么一群人始终陪伴在他们身边，给予他们无尽的鼓励与支持。

二、爱的激发：引领学生探索知识的海洋

除了温暖与关怀外，爱的力量还能够激发学生的学习兴趣与热情。当教师用充满爱意的方式去引导学生探索知识时，他们会更加关注学生的需求与兴趣点，从而更加用心地去设计教学内容与方式。

以爱为出发点的教育方式能够让学生感受到学习的乐趣与价值，进而更加积极地投入学习中去。在爱的引领下，学生们会如同海绵般吸收着知识的甘

霖，不断探索、不断进步。而教师也会在这个过程中收获满满的成就感与幸福感，因为他们亲眼见证了学生们在爱的滋养下茁壮成长。

三、爱的塑造：培育学生的品质与责任感

爱的力量不仅温暖着学生的心灵、引领他们探索知识，更在潜移默化中塑造着他们的品质与责任感。在爱的教育下，学生们会学会感恩与回报，懂得珍惜他人的付出与关怀。他们会逐渐明白，爱不仅是一种情感的传递，更是一种责任的担当。

在爱的熏陶下，学生们会变得更加坚强、勇敢、有担当。他们会勇于承担责任、积极面对挑战，努力成为更好的自己。而这种品质与责任感的培育，正是爱的力量在教育中的重要体现。它让学生们在成长的道路上更加坚定、更加自信，为他们未来的奋斗之路奠定坚实的基础。

四、爱的蔓延：推动教育事业持续发展

爱是推动教育事业不断发展的动力源泉。在教育的道路上，只有充满了爱的教育才能够真正触动学生的内心、激发他们的潜能和创造力。这种爱不仅体现在教师对学生的关怀与鼓励上，更体现在教师对教育事业的热爱与投入上。

一个热爱教育的教师会用自己的爱心去感染每一个学生，让他们感受到学习的乐趣与价值。他们也会不断地探索与创新教育方式方法，以满足学生不断增长的学习需求。以爱为驱动的教育模式不仅能够提高学生的学习效果与创造力，更能够推动教育事业持续发展。

五、爱的实践：将爱融入教育的每一个环节

要将爱的力量真正融入教育中，就需要教师在实践中不断探索与尝试。首先，教师要学会倾听学生的心声、了解他们的需求与困惑，给予及时的关怀与帮助。其次，教师要注重培养学生的自主学习能力与合作精神，让他们在探索知识的过程中不断成长与进步。最后，教师还要关注学生的心理健康与情感发展，帮助他们建立起积极、健康的心态。

在爱的实践中，教师还可以通过各种活动来增强学生的情感体验与认知能力。例如，组织志愿者服务活动、开展心理健康教育讲座等，这些活动不仅能

够让学生感受到爱的力量，更能够培养他们的社会责任感与公民意识。

六、爱的回馈：学生成长与进步的见证

在爱的教育下，学生们会不断成长与进步。他们的学习成绩会提高、综合素质会提升、人际交往能力会增强……这些都是爱的力量在教育中的具体体现。而当学生们取得优异的成绩、获得各种荣誉时，他们也会将这份喜悦和感激回馈给那些曾经给予他们关爱与支持的老师。

爱的回馈不仅让教师感受到满满的成就感与幸福感，更激励着他们继续用爱的力量去温暖更多的学生、引领他们走向更加美好的未来。爱的回馈也让学生们更加珍惜学习的机会与时光，努力成为更好的自己以回馈社会与他人的关爱。

附：爱的教育实践案例

爱是教育的根本

做了三年高中班主任后，我深刻地体会到了"爱是教育的根本"这句话的分量。现在的我已没有初为班主任时的冲动和焦虑，虽然压力越来越大，有时会急躁，有时很无奈，但对于我的学生们更多的是"爱"，是"责任"。我希望让感动代替制度，让关怀和帮助充满整个班级。

下面，我想说说我班级真实的案例。

一、问题学生

阿星（化名），16岁，此同学是我班一个非常顽皮的男孩：自控能力极差，比较浮躁，自以为是，对同学态度不友好，喜欢和老师唱对头戏，标新立异，但是脑子比较聪明，长长的黄色头发，刘海早已经过了眉毛。我其实在高一时就教过他，据我所知我的前任班主任曾经被他带领的一干人折磨得很痛苦，刚到我班级我就强行让他回家整理头发，他开始不肯，后来勉强回去弄成了黑色，但还是很长。我第二次叫他回去理发，他不屑，还变本加厉，故意迟到、早退、逃课打球，在老师、家长面前谎言连篇，课后作业很少及时做完，是学生处的常客……

二、对策办法

为了帮助他改变以往的恶习，端正学习态度，考上理想的学校，更为了控制好他在班级的负面影响，我想了很多办法：和家长联系，找他谈心，让他的朋友与他谈心，但都无济于事。各科老师的一片苦心，在他面前都变成了唠叨，在老师背后变成了他埋怨的语言，他还去找年级长问如何可以转到其他班。

无奈之下，我拨通了他父亲的电话，约其父亲周六来学校商量孩子的教育问题，请求家长配合解决仪容仪表和习惯迟到早退的问题，他家长总推脱忙，每次都没讨论出好结果。我很失望，很迷茫。后来学校的德育管理实行了"诚信银行"制度，把学生的德育分数储存在"银行"里，我把我班学生按照平时的德行，并且根据各科成绩搭配成6人小组，让"银行行长"统一监管各个组长，我故意把"行长"和阿星安排在一组，开始阿星很抵触，仍然是迟到早退不交作业，整个组都被他拖累了，全组的人都讨厌他，都问我什么时候调整座位。我思考很久，冷静下来仔细观察，发现阿星听课还比以前认真了，他们组的同学有什么化学问题我故意不解答，指定阿星帮他们解答（因为学生成绩的升降和课堂表现都纳入诚信银行管理），并且偷偷地让"行长"每次借他作业参考，以促使他写作业。

三、后期结果

他似乎瞬间有了威信，感觉到自己的价值所在，他们组的整体分数高了，有优先选择座位的权利，坐在班级最好的位置。我逐渐发现阿星变了：迟到次数逐渐少了，作业几乎都能按时交了，我上课还特意表扬他聪明，热心帮助同组同学学习，再后来他目光似乎没那么犀利了，班级出板报时出现了他的身影，他孩子般调皮地问我："老师，主动帮助做事可以加分吧，老师你不用亲自动手，有哥在呢！"接下来学校运动会开幕式彩排又一次检查仪容仪表，我发现阿星的头发短了，我们班级男生在他的带领下口号喊得非常响亮，脚步迈得格外齐整，开幕式阅操拿了第一名，阿星带头向我申请给男生加分，还说："老师，关键时刻，看我们男生的，绝对不掉链子，关键时刻不给你长面子给谁长面子啊！"听到这话我感动得热泪盈眶。更值得欣喜的是，上学期他期末考试进步很快，考了班级第二，年级前二十名，虽不能说他变成了非常优秀的学生，但是进步非常大。这个学期他很主动地找我说要参与副班长的竞选，目的是帮助我分担些工作，让班级更加团结，他说他会非常珍惜这个既能服务大家又能锻炼自己的机会。通过阿星这次事件，我发现爱是教育的根本，只有爱才能使学生明白老师的心。

四、教育反思

爱是教育的根本，正因为我恰如其分的爱，利用"诚信银行"，放手让学生干部去管理，无疑给学生留下了足够广阔的思考空间，而我则变成了一个好导演，与此同时，我也有足够的时间来多听、多看、多想，同时也可以避免师生之间不必要的冲突，伤害师生之间的感情。可以毫不夸张地说，爱是教育的根本，我也经常和其他班主任说，这种"分组连坐"方法在应用过程中要考虑本班的实际情况。制度执行过程中我遇到了种种压力，现在已经基本成型，我觉得不管什么制度，只要班主任不带有气愤、轻视等表情，本着对学生负责任的态度，将心比心，当学生明白你的良苦用心时，自然就会接受你的教育。

通过这件事我感觉到：教育方法也不是一成不变的，难的是如何寻找有效的方法去教育学生，说到底也就是一个简单的"爱"字，选择你所爱的，爱你所选择的，既然从事了这项职业，那就用十二分的热情微笑着来对待学生吧！其实爱很难也很简单！只有老师多走进学生的心灵，关怀学生的精神需求，充分地尊重、关心、理解、信任学生，爱学生，让学生能够感受到你的爱，才有可能找到教育学生的灵丹妙药。

第二节　心灵感召：建立良好师生关系

在教育过程中，心灵的感召是建立良好师生关系的关键。感召力，源自教师与学生之间真挚的情感交流和相互理解。通过心灵的感召，教师和学生能够建立起深厚的信任与共鸣，营造出和谐、积极的学习氛围，进而提高教育效果，促进学生的全面发展。

一、真诚关心：构筑信任的基石

真诚关心每一个学生是建立良好师生关系的基础。关心体现在教师对学生的学业、生活、情感等各方面的细致关注上。当教师以真诚的态度去关心学生，学生便能感受到教师的善意和温暖，从而建立起对教师的信任。

为了实现这种真诚关心，教师需要主动去了解学生的生活状况、学习困难和情感需求。例如，通过课后的谈心，教师可以了解学生在学习和生活中遇到的困惑与挑战，及时给予指导和帮助。教师还可以利用家访等机会，深入了解学生的家庭环境和成长背景，以便更好地理解学生，为其提供个性化的教育支持。

二、深入了解：把握学生的个性与需求

每个学生都是独一无二的个体，他们有着不同的性格、兴趣和需求。因此，教师需要深入了解每个学生的内心世界，尊重他们的个性和差异，以便制订更加贴合学生实际的教育方案。

在了解学生的过程中，教师可以通过多种渠道获取信息，如观察学生的课堂表现、课后交流以及通过其他学生和家长的反馈等。在了解了学生的个性和需求后，教师可以根据他们的特点调整教学方法和策略，以激发学生的学习兴趣和潜能。

例如，对于性格内向的学生，教师可以采用鼓励式的教学方法，引导他们积极参与课堂讨论，提高他们的自信心和表达能力；对于性格外向的学生，教师可以提供更多的实践机会，让他们在实践中发挥优势和特长。

三、言行影响：以身作则的感召力

教师的言行举止对学生产生着深远的影响。一个优秀的教师不仅要在教学上用心，更要在日常生活中以身作则，为学生树立良好的榜样。通过自身的言行来感召学生，引导他们形成正确的价值观和人生观。

在课堂上，教师要注重自己的教学态度和方式。严谨认真的教学风格不仅能够激发学生的学习热情，还能够培养他们的学术态度和精神。教师在课堂外的表现也同样重要。积极参与学校的各项活动和社会公益事业，用自己的实际行动来影响和感召学生，让他们明白作为社会一员的责任和担当。

四、心灵的交流：提高学习兴趣与效果

心灵的感召不仅能够建立良好的师生关系，更能够在教育过程中发挥积极的作用。当学生感受到教师的真诚关心、尊重和理解时，他们会更加积极地投入学习中去，对学习内容产生浓厚的兴趣，进而提高学习效果。

为了实现心灵的交流，教师需要注重与学生的情感沟通。在课堂上，教师可以通过提问、讨论等方式引导学生表达自己的观点和想法，鼓励他们积极参与学习活动。在课后，教师也可以与学生进行一对一的交流，了解他们的学习困惑和情感需求，给予及时的指导和帮助。

心灵的交流不仅能够激发学生的学习兴趣，还能够培养他们的学习自主性和创造性。在交流过程中，教师可以引导学生发现问题、分析问题并寻求解决问题的方法，让他们在学习的过程中不断挖掘自己的潜力和才华。心灵的交流还能够增强学生的自信心和自尊心，让他们在学习的道路上更加坚定和自信。

五、心灵的共鸣：构建和谐师生关系

心灵的共鸣是建立和谐师生关系的重要因素之一。当教师和学生之间产生了心灵的共鸣，他们就能够更加深入地理解彼此的想法和情感需求，从而建立起更加紧密的关系。

为了实现心灵的共鸣，教师需要注重与学生的情感交流和理解。在课堂上和课后，教师可以通过多种方式与学生进行沟通，了解他们的内心世界和情感状态。教师也需要注重自己的情感表达，将自己的真诚和善意传递给学生，让他们感受到教师的关心和支持。

心灵的共鸣不仅能够增强师生之间的信任和默契度，还能够提高学生的学习积极性和创造力。当教师和学生之间产生了心灵的共鸣时，学生会更加愿意向教师请教问题、分享自己的想法和感受，而教师也能够更加准确地把握学生的需求和困惑，给予及时的指导和帮助。

第三节　情商修养：培养学生情绪智慧

通过引导学生控制情绪、培养理解他人情感的能力以及正确处理人际关系，教师可以全面提升学生的情绪智慧，助力他们在人际交往中更加和谐自如，为未来奠定坚实的情商基础。

一、引导学生学会控制自己的情绪

情绪，这一心灵的晴雨表，是我们与外界交流的重要桥梁。情绪控制，不仅是抑制或隐藏，更是对自我情感的合理调节与管理。对于正在成长的学生而言，学会控制情绪是他们走向成熟、理智与和谐人生的关键一步。

教师可以通过设计多种情境模拟活动，将学生置于各种可能的情绪环境中。例如，面对挑战时的紧张、失落时的悲伤、成功时的喜悦等。在这些模拟的情境中，学生不仅可以深刻体验到各种情绪对心灵的冲击，更能直观地观察到情绪是如何影响自己的行为和决策的。

角色扮演则是一个更为具体的实践方法。教师可以设定特定的情境，让学生扮演其中的角色，如受到委屈的学生、被误解的朋友等。通过角色的代入，学生可以更加真实地感受到那种情境下的情绪波动，进而学会如何在真实生活中面对并调控这些情绪。

更为关键的是，教师需要教会学生在遇到挫折或困难时，如何不被情绪所左右，而是用理智去分析和解决问题。例如，当遭遇失败时，学生应该学会先冷静下来，分析失败的原因，而不是沉溺于失落和自责中。这样的情绪控制方式，不仅可以帮助学生更好地应对生活中的各种挑战，还可以培养他们的抗挫能力和坚韧不拔的品质。

二、培养学生理解他人情感的能力

人与人之间的交流，不仅仅是言语的传递，更多的是情感的沟通。理解他人情感，是建立和谐人际关系，避免误解和冲突的关键。

教师可以通过生动的故事讲解，将学生带入各种人物的情感世界中。在这些故事中，学生可以看到不同人物在面对不同情境时的情感反应，从而学会去揣摩和理解他人的内心世界。

小组讨论则是一个更为互动的学习方式。教师可以设定一些与情感相关的话题，让学生在小组中进行深入的讨论。在这样的讨论中，学生不仅可以听到不同的观点和情感表达，还能学会站在他人的角度去思考问题，进而提升他们的情感理解能力。

鼓励学生多参与集体活动也是非常必要的。在集体活动中，学生需要与不同性格、背景的同学进行交流和互动。这样的交往过程，不仅可以锻炼他们的人际交往能力，更能让他们在实际的交流中学会去体会和接纳他人的情感。

三、教会学生正确处理人际关系

人际关系，如同一张复杂的网络，将我们与周围的世界紧密地联系在一起。对于学生而言，学会正确处理人际关系，不仅是他们在校园生活中必备的技能，更是他们未来走向社会的重要基础。

教师可以结合学生的日常生活，教会他们如何与人沟通。例如，如何礼貌地与他人打招呼、如何真诚地表达自己的想法和感受、如何倾听他人的意见和建议等。这些看似简单的沟通技巧，实则是建立健康人际关系的基础。

教师还需要教会学生如何解决人际冲突。冲突，是人际关系中不可避免的一部分。面对冲突，学生需要学会冷静分析、理性沟通，而不是选择逃避或对抗。教师可以设计一些模拟冲突的场景，让学生在实践中学会如何化解矛盾、达成共识。

团队合作的任务也是培养学生人际处理能力的好方法。在团队合作中，学生需要学会与他人协作、分享资源和经验，共同完成任务。这样的实践过程，不仅可以锻炼他们的团队协作能力，更能让他们在实际操作中学会如何建立和维护健康的人际关系。

第四节 内驱挖掘：爱需要激发与点燃

通过深入关心每个学生，为他们设定合理的学习目标与奖励机制，并创造良好的学习氛围与竞争环境，教师可以全面激发学生的内驱力，引领他们在快乐中学习，实现全面发展。

一、关心与爱护每一个学生

在繁星点点的夜空中，每颗星星都独一无二，闪耀着属于自己的光芒。同样，在我们的教室里，每个学生都是一颗独特的星星，他们带着自己的梦想和期待，在知识的海洋中航行。

作为教师，我们的职责就是如同天文学家般细心观察，深入了解每个学生的内心世界，去探索他们独特的轨迹和光芒。

关心与爱护，不仅是物质上的照顾，更是心灵上的慰藉。当学生面对困惑和难题时，他们需要的是一个可以倾诉的对象，一座能够指引他们走出迷雾的灯塔。

此时，教师应该及时与学生进行沟通交流，倾听他们的声音，理解他们的感受。通过关心与爱护，我们传递给学生的不仅是温暖，更是勇气和力量，让他们在面对困难时能够变得更加自信、自强。

教师还要善于发现学生的优点和特长。每个学生都有自己独特的闪光点，也许他们并不擅长所有的学科，但在某个领域却有着过人的天赋。我们应该给予他们充分的肯定和鼓励，让他们在赞美声中茁壮成长。

这种正能量的传递，不仅能够让学生更加明确自己的方向，更能够激发他们的内驱力，让他们在追求进步的道路上勇往直前。

为了实现真正的关心与爱护，教师需要付出真挚的情感和耐心。我们要时刻关注学生的情感需求，用心去感受他们的喜怒哀乐。

当他们取得成功时，我们要与他们一起分享喜悦；当他们遭遇挫折时，我们要给予他们坚定的支持和鼓励。只有这样，我们才能真正地走进学生的内心世界，成为他们成长道路上的良师益友。

二、设定合理的学习目标与奖励机制

设定合理的学习目标是激发学生学习动力的关键环节。一个明确、具体且可实现的目标，能够帮助学生集中注意力，以更加积极的态度投入学习中。作为教师，我们要根据学生的实际情况，为他们量身打造合适的学习目标。这些目标既要具有一定的挑战性，又要确保学生在努力后能够实现，从而保持学习的积极性和自信心。

建立相应的奖励机制也是至关重要的。当学生达到预定目标时，及时的肯定和表彰能够让他们感受到努力带来的成功和喜悦。正向激励机制不仅能够让学生明确自己的奋斗方向，更能够激发他们为了获得更多奖励而努力学习的动力。在实施过程中，教师要确保奖励的公平公正，让学生感受到教师的诚意和关怀。

教师还要注重目标的合理性和可行性。过高的目标可能会让学生望而却步，产生挫败感；而过低的目标则可能让学生失去挑战的动力，产生懈怠情绪。因此，教师要根据学生的实际情况和学习能力，为他们设定恰如其分的学习目标。

三、创造良好的学习氛围与竞争环境

积极向上、充满活力的学习氛围对于激发学生的内驱力至关重要。在这样的环境中，学生能够感受到学习的乐趣和进步的快乐，从而更加积极地投入学习中。为了营造良好的学习氛围，教师可以通过组织各种学习小组、竞赛等活动，增强学生的学习体验和参与度。

在竞争中，学生可以发现自己的优势和不足，进而调整学习策略，努力提升自己的学习能力。竞争还能激发学生的求胜欲望和团队协作精神，让他们在互相学习和激励中共同成长。然而，教师需要确保竞争的公平性和适度性，避免过度竞争给学生带来不必要的压力和负面情绪。

　　除了竞争环境外，教师还要注重培养学生的团队合作精神和集体荣誉感。在团队合作中，学生可以学会互相倾听、互相支持，共同解决问题和克服困难，培养他们的责任感和担当精神。为了营造良好的团队合作氛围，教师可以定期组织团队活动或项目，让学生在实践中学会合作与分享。

第三章
阅读与知识积累

03

在浩瀚的知识海洋中，阅读如同扬帆远航，每一页字迹都是智慧的浪花，每一本书都是通向未知世界的航标。阅读，是心灵的旅行，是思想的觉醒，更是智慧的启迪。它赋予我们洞察世事的深邃，也滋养了我们内心的丰盈。本章我们将一同探索阅读的奥秘，感受书籍带来的力量。从精选读物开始，我们引导学生踏入知识的殿堂，让智慧的火花在阅读中闪烁。深度解读，则是一场心灵的对话，是在阅读中与自我成长的反思和碰撞。而知识的应用，更是将阅读的果实转化为教育实践的沃土，培育出更加丰硕的智慧之果。在这里，我们还要特别提到一种感受，那就是在阅读中体验到的"特别的爱"与"特别的狠"。这份爱，是对知识的渴望，对智慧的追求；这份狠，则是对自我提升的坚持，对未知的不懈探索。当爱与狠交织在阅读之中时，我们便能更深刻地理解生活的多彩与复杂，更勇敢地面对挑战与未知。接下来，让我们一同启航，在阅读的海洋中遨游，开启智慧之门，探寻人生的无限可能。

第一节　阅读力量：开启智慧之门

阅读，是一种心灵的触动，是一种智慧的启迪。阅读如一把神奇之钥，能拓宽视野、培养思维、滋养心灵、激发创意、塑造品格、提高语言能力，同时也是文化传承的桥梁，全方位开启我们的智慧之门。

一、阅读拓宽视野，增长见识

阅读，这个看似简单的动作，实际上是我们拓宽视野、增长见识的重要途径。每一本书，都如同一个崭新的世界，等待着我们去探索、去领悟。当我们翻开书页的那一刻，就仿佛踏上了一段奇妙的旅程，与作者一同穿越时空，领略不同的文化、历史、思想和观念。

在这个过程中，我们不仅能够感受到作者笔下的精彩世界，更能够从中汲取到丰富的知识和深刻的见解。这些知识和见解，如同智慧的火花，照亮我们的心灵，激发我们的好奇心和探索欲望。每一本书都是作者心血的结晶，他们将自己对世界的理解和感悟融入其中，让我们得以一窥他们的精神世界。

阅读让我们有机会接触那些我们从未亲身经历过的事物和情境。通过文字的描述，我们可以想象出那些遥远的场景，感受到那些异域的风情。体验让我们更加了解这个世界的多样性和复杂性，也让我们更加敬畏和欣赏这个世界的美丽与奇妙。

更重要的是，阅读让我们学会了独立思考和判断。当我们接触到不同的观点和见解时，我们需要运用自己的逻辑思维和批判性思维去分析与判断。

二、阅读培养思维，提升逻辑

在知识的海洋中，阅读是我们航行的重要工具。阅读不仅是为了获取知识，更是一种思维的训练和提升。通过阅读，我们深入理解作者的观点，仔细分析文章的结构，严谨评价作者的论据，这一系列过程极大地锻炼了我们的思维能力。

当我们沉浸在书籍的世界中时，我们的大脑会不自觉地跟随作者的笔触进行逻辑推理、分析判断。这种思维的运动，就像一场无声的头脑风暴，让我们的思维更加敏锐、逻辑更加清晰。无论是理解复杂的科学原理，还是解读深奥的哲学思想，阅读都要求我们运用逻辑思维去剖析、去推理。

阅读也锻炼了我们的判断力和推理能力。在阅读过程中，我们需要对作者的观点、论据进行甄别和评价，这需要我们具备独立的思考能力和批判精神。这种能力的提升，使我们在面对现实生活中的复杂问题时，能够更加冷静、客观地进行分析和决策。

因此，阅读不仅是知识的积累，更是思维能力的提升。它让我们在享受文字魅力的同时也锻炼了逻辑思维、判断力和推理能力。这些能力的提升，将对我们未来的学习和工作产生深远的影响。

三、阅读滋养心灵，丰富情感

阅读，如同一股清泉，悄然滋养着我们的心灵。在书籍的世界里，我们邂逅了形形色色的人物，体验了他们的喜怒哀乐，悲欢离合。这些故事和情感深深地触动着我们的内心，让我们学会了如何与他人共情，如何理解他人的感受和需求。

每一本书，都是一座情感的宝库。无论是小说中的爱恨情仇，还是散文中的生活感悟，都让我们在品味文字的同时感受到了情感的丰富与多样。这些情感体验让我们更加了解人性的复杂与美好，也让我们更加珍惜生命中的每一个瞬间。

通过阅读，我们还能够提升情感智商。在阅读过程中，我们学会了如何识别和处理自己的情绪，如何理解和回应他人的情感，让我们在人际交往中更加游刃有余，更加懂得珍惜和维系人与人之间的关系。

阅读也让我们更加热爱生活和自然。在书籍的引导下，我们领略了大自然的壮丽与美丽，感受到了生活的温馨与幸福。对生活的热爱和向往，让我们更加珍惜当下，更加努力地追求梦想和目标。

四、阅读激发创意，助力创新

在快速变化的时代，创意和创新成为推动个人与社会进步的重要动力。而阅读，正是激发我们创意灵感的源泉之一。

当我们翻开一本书，不仅是获取知识的过程，更是一次心灵的启迪。书中那些新颖的观点、独特的思考方式，如同星星之火，点燃了我们内心深处的创意火花。

这些火花在我们脑海中碰撞、交融，激发出前所未有的思考和创新。

阅读让我们有机会接触到不同领域的知识和技术，这为我们提供了广阔的视野和多元的思考角度。

在这些知识和技术的启发下，我们能够发现新的问题、提出新的解决方案，从而推动社会的进步和发展。

更重要的是，阅读教会我们如何运用所学知识去解决实际问题。书中的案例、故事和经验分享，让我们学会了如何将理论与实践相结合，创新性地思考和行动。

五、阅读塑造品格，提升自我

阅读，这一看似简单的行为，实则蕴含着巨大的力量，它在潜移默化中塑造着我们的品格。

在阅读的世界里，我们有机会接触到众多优秀的人物和事迹。他们的品质、他们的精神，如同璀璨的星辰，照亮了我们前行的道路。这些人物和事迹不仅让我们感受到人性的光辉，更在无形中影响着我们的价值观和人生追求。

通过阅读，我们学会了如何坚持信念。面对困难和挑战，我们不再轻易放弃，而是勇往直前，坚定地走自己的路。这种坚韧不拔的精神，正是阅读赋予我们的宝贵财富。

阅读也让我们更加了解自己的内心世界和需求。在书籍的引导下，我们开始深入思考自己的价值观、人生目标等重要问题。自我认知的过程，不仅帮助我们建立了正确的人生观和价值观，更让我们的内心变得更加丰盈和充实。

六、阅读提高语言能力，增强表达

阅读，作为语言学习的重要环节，对于我们提高语言能力、增强表达有着显著的影响。

在阅读过程中，我们会接触到丰富的词汇、优美的句子。这些语言元素不仅拓展了我们的词汇量，更让我们的语言表达变得更加丰富和多样。通过阅读，我们学会了如何运用准确、生动的词汇去描述事物、表达情感，使我们的语言更具表现力和感染力。

阅读也让我们接触到各种深刻的思想和观点。这些思想和观点不仅拓展了我们的思维广度，更让我们学会了如何运用逻辑清晰、条理分明的语言去阐述自己的观点和见解。

更重要的是，阅读让我们学会了如何倾听和理解他人的语言表达。在阅读过程中，我们不仅要理解作者的观点和情感，更要学会从中提炼出有价值的信息和启示。倾听和理解的能力，使我们在与他人交往时更加敏锐、善解人意。

七、阅读传承文化，弘扬精神

阅读，这一古老而又永恒的学习方式，承载着文化传承与弘扬精神的重要使命。在浩如烟海的书籍中，我们探寻着历史的痕迹，感受着文化的脉络，传承着民族的智慧。

当我们翻开一本本历史典籍时，那些尘封的历史事件和人物便跃然纸上。我们仿佛穿越时空，亲历那些波澜壮阔的历史时刻，感受着先辈们的英勇与智慧。这些历史故事不仅让我们了解自己的文化根源，更激发了我们对文化传承的责任感和使命感。

在阅读中，我们也领略到了各民族的文化瑰宝和思想精华。不同民族的文化传统、艺术风格、哲学思考都在书籍中得到了淋漓尽致的展现。这些丰富多彩的文化元素让我们更加珍视文化的多样性，促进了不同民族之间的交流与融合。

更为重要的是，阅读让我们深刻体会到了民族精神的伟大力量。在书籍中，我们看到无数先辈为了国家、为了民族而英勇奋斗的事迹。他们的爱国精神、拼搏精神、创新精神都深深感染着我们，激励着我们不断前行。民族精神的传承和弘扬，不仅增强了我们的文化自信心和归属感，更为我们注入了强大的精神动力。

在这个快速发展的时代，阅读依然是我们传承文化、弘扬精神的重要载体。它让我们在繁忙的生活中静下心来，去品味历史的厚重，去感受文化的魅力，去汲取前行的力量。因此，我们应该珍视阅读带来的每一次文化体验和精神洗礼，让阅读成为我们生活中不可或缺的一部分。通过阅读，我们将继续传承千年的文化血脉，弘扬伟大的民族精神，为世界文化的多样性和繁荣做出我们应有的贡献。

第二节　精选读物：引导学生阅读增智

通过根据学生的兴趣与需求选择读物、注重读物的质量与深度、关注读物的多样性与广度、引导学生参与读物选择与推荐，以及结合课程与教学目标进行读物选择这五点策略，我们可以科学有效地引导学生进行精选读物的阅读，从而提升他们的阅读能力、拓宽视野、增长智慧，实现阅读增智。

一、根据学生的兴趣与需求选择读物

在引导学生进行阅读时，首要的原则就是根据学生的兴趣和需求来选择读物。兴趣是学生最好的老师，这一点在阅读领域尤为突出。只有学生对读物产生浓厚的兴趣，他们才会投入更多的时间和精力去阅读，进而从中获取知识和智慧。

为了更好地了解学生的阅读兴趣，教师可以通过调查问卷、面对面交流或观察学生的日常行为等方式来获取相关信息。例如，一些学生可能对科幻、奇幻类的小说特别感兴趣，那么教师就可以推荐《三体》《哈利·波特》等作品；而有些学生可能对历史故事情有独钟，那么《史记》《资治通鉴》等历史类读物就会是他们的首选。

除了兴趣之外，学生的需求也是选择读物时需要考虑的重要因素。不同的学生有不同的阅读需求，比如有的学生希望通过阅读提升自己的写作能力，有的学生则希望通过阅读提升自己的人文素养。因此，教师需要针对学生的具体需求，为他们推荐合适的读物。例如，对于想要提升写作能力的学生，可以推荐一些优秀的散文集或短篇小说集，如《朱自清散文集》《汪曾祺短篇小说选》等，这些作品不仅文笔优美，而且能够为学生提供丰富的写作素材和灵感。

在选择读物的过程中，教师还可以鼓励学生参与进来，表达自己的意见和建议。这样不仅可以增强学生的自主性和参与感，还能让教师更加准确地了解学生的阅读需求和兴趣点。教师还可以定期组织读书会或阅读分享活动，让学生有机会交流阅读心得和感受，从而形成积极、健康的阅读氛围。

随着科技的发展，电子书和在线阅读资源也越来越丰富。教师可以引导学生利用这些资源来拓宽自己的阅读渠道。例如，可以利用电子书平台的推荐系统来发现更多符合自己兴趣的读物；或者通过在线阅读社区来与其他读者交流心得和感受。

二、注重读物的质量与深度

在引导学生进行阅读时，选择高质量、有深度的读物至关重要。优质的读物不仅能够为学生提供丰富的知识和深刻的思考，还能够激发他们的想象力和创造力，帮助他们建立正确的人生观和价值观。

首先，优质的读物往往具有丰富的内涵和深刻的思考。这些作品不仅文笔优美、叙事流畅，更重要的是它们能够引发学生的深入思考，拓展他们的视野和思维。例如，《红楼梦》作为中国古典小说的巅峰之作，不仅描绘了封建社会的种种弊端和人性的复杂多面，还蕴含了深刻的人生哲理和世态炎凉。通过阅读这样的作品，学生可以更加深入地了解历史、文化和人性，从而培养他们的思辨能力和人文素养。

其次，选择经过时间检验、被广泛认可的经典作品也是非常重要的。这些作品已经经过历史的筛选和检验，被证明是具有深刻内涵和艺术价值的佳作。例如，《百年孤独》作为魔幻现实主义文学的代表作之一，以其独特的叙事风格和深刻的主题赢得了全球读者的喜爱与赞誉。通过阅读这样的经典作品，学生可以领略到人类文明的瑰宝，提升他们的审美能力和文学素养。

除了文学作品之外，教师还可以引导学生阅读一些科普读物、哲学著作等多元化的书籍。这些书籍不仅可以为学生提供丰富的知识和信息，还能帮助他们建立更加全面的知识结构和思维方式。例如，《物种起源》作为生物学的经典之作，可以让学生更加深入地了解生命的起源和演化；而康德的《纯粹理性批判》则可以引导学生思考哲学的基本问题和人类理性的边界。

在选择读物的过程中，教师还可以鼓励学生进行自主选择和探索。教师可以为学生提供一份推荐书单，同时也要鼓励他们根据自己的兴趣和需求去挑选适合自己的读物。这样不仅可以增强学生的自主性和责任感，还能让他们在阅读的过程中发现自己的兴趣和方向。

三、关注读物的多样性与广度

在引导学生阅读时，我们不仅要关注读物的质量与深度，同样也要重视读物的多样性与广度。这是因为，多样化的阅读经验能够帮助学生构建更为全面的知识结构，培养开阔的视野，以及更为灵活的思维方式。

读物类型的多样性意味着学生可以从小说、散文、诗歌、剧本、科普文章等不同类型的文本中汲取知识与智慧。例如，小说可以帮助学生深入理解人性与社会，散文则能够培养学生的审美与感悟能力，诗歌有助于激发学生的想象力与创造力，而科普文章则可以拓展学生对自然与科学的认知。为了让学生体验到阅读的多样性，教师可以定期为学生推荐不同类型的优秀读物。例如，可以推荐一些经典的小说如《围城》《骆驼祥子》等，让学生感受叙事艺术的魅力；同时也可以引导学生阅读一些优美的散文，如汪曾祺的《人间草木》等，以培养学生的文学鉴赏能力。教师还可以鼓励学生尝试阅读一些科普读物，如《万物简史》《人类简史》等，以激发学生对科学的兴趣。

阅读广度是指学生阅读领域的广泛性，即不局限于某种风格或题材，而是广泛涉猎各个领域。为了拓展学生的阅读广度，教师可以鼓励学生挑战自己，尝试阅读一些平时不太接触的题材或风格的书籍。例如，对于平时喜欢阅读现代文学的学生，教师可以推荐他们尝试阅读一些古典文学作品，如《红楼梦》《西游记》等；而对于喜欢科普读物的学生，则可以引导他们接触一些人文社科类的书籍，如《社会契约论》《资本论》等。为了增加学生的阅读广度，教师还可以利用图书馆、网络等资源，为学生提供丰富的阅读材料，也可以鼓励学生之间互相推荐书籍，以此来拓展彼此的阅读领域。

四、引导学生参与读物选择与推荐

在引导学生阅读的过程中，让学生参与到读物选择与推荐中来是一个至关重要的环节。这种做法不仅能够增强学生的自主性和责任感，还能够使他们更加明确自己的阅读需求和兴趣点，从而更有效地从阅读中汲取知识和智慧。

为了实施这一策略，教师可以通过多种方式鼓励学生积极参与。首先，可以定期组织读书会或阅读分享活动，为学生提供一个交流阅读心得和感受的平台。在这些活动中，学生可以推荐自己近期阅读的书籍，并分享自己的阅读体验和收获。这样不仅能激发学生的阅读兴趣，还能帮助他们发现更多优质的读物。

教师还可以利用课堂时间开展读物推荐活动。例如，可以设立一个"每周一书"环节，让学生轮流上台推荐自己喜爱的书籍，并阐述推荐理由，如此不仅能锻炼学生的口才和表达能力，还能帮助他们形成独立思考和判断的能力。

教师还可以鼓励学生自主组建阅读兴趣小组，让他们在小组内部分享阅读资源、交流阅读心得，并共同推荐优质读物。通过这种方式，学生可以在轻松愉快的氛围中拓展阅读视野，提升阅读品位。

为了进一步激发学生的阅读热情，教师还可以设立阅读奖励机制。例如，可以设立"阅读之星"等奖项，对在阅读活动中表现突出的学生进行表彰和奖励。

五、结合课程与教学目标进行读物选择

在阅读教学中，结合课程与教学目标进行读物选择是至关重要的。有针对性地选择不仅能增强学生的学习兴趣，还能有效地巩固和拓展他们在课堂上所学的知识，进而提升他们的学科素养。

教师要明确课程和教学的目标。不同学科有不同的教学重点和要求，因此，在选择读物时，教师应充分考虑学科的特点和教学要求。例如，在语文课程中，教学的重点可能是培养学生的文学鉴赏能力和语言表达能力。因此，教师可以结合课文内容，推荐与课文主题或作者相关的文学作品，让学生在阅读过程中更深入地理解课文，并提高他们的文学素养。

同样，在历史课程中，教师可以通过选择与历史事件或人物相关的读物，帮助学生更好地理解历史背景和人物关系。例如，在学习中国古代史时，可以选择一些描写古代社会风貌、人物传记或历史事件的读物，让学生在阅读中感受历史的魅力，并加深对历史事件的理解。

除了考虑学科特点外，教师还应关注学生的个体差异。每个学生都有自己的学习特点和兴趣爱好，因此，在选择读物时，教师应尽量满足学生的个性化

需求。例如，可以为喜欢科幻的学生推荐一些科幻小说，让他们在享受阅读乐趣的同时也能锻炼想象力和创新思维。

在选择读物的过程中，教师还可以借助多媒体资源来丰富阅读内容。例如，可以利用电子书、网络资源等为学生提供图文并茂的阅读材料，或者通过音频、视频等形式让学生更直观地感受作品所描绘的场景和人物。这些多媒体资源不仅能激发学生的学习兴趣，还能帮助他们更好地理解作品内容。

教师还可以鼓励学生自主选择读物。可以为学生提供一份推荐书单，让他们根据自己的兴趣和需求进行挑选。也可以定期组织读书交流会或阅读分享活动，让学生有机会展示自己的阅读成果，并相互推荐优质读物。

教师需要对学生的阅读情况进行及时的评估和指导。可以通过阅读笔记、课堂讨论等方式了解学生的阅读进度和理解程度，并针对学生在阅读过程中遇到的问题进行解答和指导。这样不仅能帮助学生及时解决困惑，还能促进他们的深度思考和主动学习。

第三节 深度解读：阅读与成长反思

深度阅读不仅是理解文本，更是自我反思与成长的过程，通过主题思考、人物对比、情节发展、作者观点审视以及阅读笔记的记录，我们能够更全面地认识自己，促进个人的成长和进步。

一、通过主题思考进行自我定位

深度阅读中的主题思考，是一个引导我们走进内心深处，探寻自我定位的重要过程。每一本书，每一篇文章，都有其独特的主题和核心思想，它们像是镜子，反射出我们内心深处的想法和追求。

当我们沉浸在深度阅读之中时，不同的主题会触动我们不同的情感。比如，当我们读到关于"自由"的主题时，我们或许会被唤起对自由的渴望，或者对现状的反思。这时，我们可以停下来，深呼吸，让自己完全沉浸在这个主题之中。

自由，这个词，看似简单，实则深邃。自由对我们来说意味着什么呢？是身体上的自由，可以随心所欲地去任何地方？还是心灵上的自由，能够无畏无惧地表达自己的想法和情感？每个人对自由的理解都是独特的，而这正是深度阅读带给我们的思考空间。

我会闭上眼睛，想象自己在生活中真正体验到自由的时刻。是独自一人在大自然中漫步，感受风的轻抚和阳光的温暖？还是与朋友畅谈心事，无所顾忌地分享彼此的喜怒哀乐？这些时刻，或许就是我们内心深处对自由的渴望。

然而，自由并非没有代价。为了自由，我们可能需要放弃某些东西，比如稳定的工作、舒适的生活，甚至是一些社会关系。那么，我们是否愿意为了自由付出这些代价呢？这个问题，需要我们深思熟虑。

　　通过这样的主题思考，我们不仅能够更清晰地认识到自己对"自由"的理解，还能够触及自己内心深处的价值观和追求。自我定位的过程，有助于我们在生活中做出更明智的选择，找到属于自己的道路。

　　而这种选择，不仅是关于自由的选择，更是关于人生态度的选择。深度阅读中的主题思考，让我们有机会重新审视自己的生活，重新定义自己的价值观。

　　在这个过程中，我们或许会发现，真正的自由，其实就在我们内心深处。

　　当我们对某个主题进行深入思考时，我们也在不断地塑造和完善自己的世界观与人生观。我们会开始思考，这个主题所揭示的社会现象、人性特点或者价值观念，是否在我们的生活中也有所体现？我们是否也曾经面临过类似的选择和困境？

　　例如，在阅读关于"人性"的主题时，我们可能会思考人性的复杂性和多面性。我们会想到自己曾经在某些情况下表现出的自私、贪婪或虚伪，也会想到自己在其他情况下表现出的善良、无私和真诚。对人性的深入思考，会让我们更加了解自己和他人，更加珍视人性中的美好品质，并努力摒弃那些不良的品质。

　　因此，通过主题思考进行自我定位，不仅是一个认知过程，更是一个自我提升和完善的过程。它让我们有机会重新审视自己，重新定义自己的价值观和人生目标。

　　在这个过程中，我们会不断地发现自己的优点和不足，不断地调整自己的人生轨迹，以更加积极、健康的态度去面对生活中的挑战和机遇。

二、通过人物对比进行自我剖析

　　在深度阅读中，文学作品中的人物形象往往成为我们自我剖析的镜子。他们不仅是文字塑造出来的角色，更是我们内心深处某些特质的投影。因此，将自己与作品中的人物进行对比，实际上是在探寻自己的内心世界，剖析自己的性格特点和行为方式。

　　当我们阅读《红楼梦》时，贾宝玉、林黛玉等人物形象跃然纸上。他们各自独特的性格特点和行为方式，让我们看到了人性的多样性和复杂性。贾宝玉的叛逆与不羁，林黛玉的敏感与才情，都成为我们自我剖析的参照物。

与贾宝玉进行对比，我会思考自己是否也有他那种对世俗礼教的叛逆精神？是否也敢于追求自己内心的真实想法，不受外界眼光的束缚？我也会反思自己是否过于依赖物质享受，而忽视了对精神世界的追求。

与林黛玉对比时，我会想到自己是否也像她那样敏感细腻，对周围的一切都有着深刻的感悟？是否也拥有她那种才情和学识，能够用文字表达自己的内心世界？我也会提醒自己不要过于沉溺于自己的情绪之中，要学会面对现实，积极应对生活中的挑战。

通过这种人物对比，我不仅能够更客观地认识自己，还能够发现自己的优点和不足。我会意识到，每个人都有自己独特的性格特点和行为方式，没有绝对的好坏之分。重要的是要学会接受自己的不完美，努力完善自己，成为更好的自己。

在这个过程中，我也会更加珍视自己的内心世界和情感体验。我会学会倾听自己的心声，了解自己的需求和渴望，从而更好地规划自己的人生道路。我也会更加关注他人的内心世界，学会理解和包容不同的性格特点与行为方式。

人物对比还会让我对人性有更深刻的理解，我会看到人性的复杂性和多面性，在每个人身上都有不同的体现。理解会让我更加宽容和善良，学会接纳和包容他人的不同，更加珍视人与人之间的情感纽带，努力维护和谐的人际关系。

三、通过情节发展进行情感反思

文学作品的情节发展，就像是一幅波澜壮阔的画卷，在我们眼前徐徐展开。每一个情节的高潮和转折，都像是画卷中的亮点，吸引着我们的目光，牵动着我们的情感。在这些情节中，我们不仅是观察者，更是参与者，我们的情感随着情节的发展而起伏，我们的思绪随着情节的转折而飞扬。

当读到《悲惨世界》中冉·阿让为了救赎自己的过去而做出巨大牺牲的情节时，我们感受到的不仅是主人公的勇气和决心，更是对自己内心深处的触动。我们停下来，闭上眼睛，让这种情感在心头回荡。为什么这个情节会让我们如此感动？它触动了我们内心深处的哪些情感？

或许，我们被冉·阿让的牺牲精神所感动，他为了弥补过去的错误，不惜付出一切代价。这种精神让我们想到了自己，我们是否也有过为了某个目标或信念而努力奋斗的经历？我们是否也曾经为了弥补自己的过错而做出过努力？

在这个过程中，我们不仅反思了自己的行为和态度，更深入地了解了自己的内心世界。我们开始思考，自己内心深处的价值观和信念是什么？我们是否也像冉·阿让一样，有着坚定的信念和追求？

我们也学会了珍惜和感恩。珍惜身边的人和事，因为他们可能在我们不经意间就离我们而去。感恩那些曾经帮助过我们、支持过我们的人，因为他们是我们人生路上的重要伙伴。

情感反思让我们更加了解自己，也让我们更加珍视生活中的每一个瞬间。我们开始意识到，生活中的每一个情节发展，都像是文学作品中的情节一样，充满了意义和价值。我们不仅是生活的参与者，更是生活的创造者。我们可以用自己的行动和选择，去创造属于自己的精彩人生。

因此，通过情节发展进行情感反思，是一个深入了解自己、珍视生活的过程。它让我们有机会重新审视自己的内心世界，发现自己的价值观和信念。在这个过程中，我们会更加珍惜生活中的每一个瞬间，更加坚定地走向自己的未来。

四、通过作者观点进行价值观审视

在深度阅读中，我们不可避免地会接触到作者的观点和思想。这些观点和思想，是作者对生活、对世界的独特理解和感悟。它们像是一盏盏明灯，照亮了我们前行的道路，也引导我们对自己的价值观进行审视和思考。

当读到尼采所倡导的"超人"哲学时，我们不禁要思考：这种哲学是否与我们的价值观相符？我们是否认同尼采对人生和世界的看法？这种思考，实际上是对自己价值观的审视和反思。我们开始探究自己内心深处的信仰和追求，思考自己的人生目标和价值所在。

在这个过程中，我们可能会发现自己的价值观与尼采的"超人"哲学有所契合，也可能会产生不同的看法和理解。但无论结果如何，这种审视和反思都是有益的。它让我们更加清晰地认识到自己的价值追求和生活目标，也让我们更加坚定地走向未来。

通过作者观点进行价值观审视，也让我们学会了尊重和包容不同的观点与思想。我们开始意识到，每个人都有自己独特的看法和理解，没有绝对的对错之分，如此让我们更加开放和包容地面对世界，也让我们更加珍视自己内心深处的信仰和追求。

因此，通过作者观点进行价值观审视是一个自我发现和成长的过程。它让我们有机会重新审视自己的价值观和生活目标，也让我们更加开放和包容地面对不同的观点与思想。在这个过程中，我们会更加坚定地走向自己的未来，也会更加珍视自己内心深处的信仰和追求。

五、通过阅读笔记进行知识内化与输出

深度阅读，作为一种高级的阅读方式，其核心不仅在于理解和吸收书中的内容，更关键的环节在于如何将这些宝贵的知识内化为自己的智慧，并能够灵活地输出和应用。在这一过程中，阅读笔记扮演着至关重要的角色。

当我们翻开一本书，开始沉浸在那独特的文字世界中时，阅读笔记就是我们与书本之间的桥梁。通过摘录书中的精彩段落，我们捕捉到了作者的独到见解和深邃思考，这些段落往往富含哲理，或是文字优美，值得我们反复品味和学习。这样的摘录不仅能够帮助我们更好地理解和记忆书中的精华内容，也为日后的引用和参考提供了便捷的素材。

除了摘录精彩段落外，总结章节要点也是做阅读笔记的重要一环。在阅读过程中，我们时常会遇到信息量大、观点众多的章节。此时，通过总结章节要点，我们可以将这些繁杂的信息进行有序的梳理，形成清晰的知识脉络。这样的总结不仅有助于我们全面把握章节的主旨大意，更能够促使我们对书中的观点进行深入的思考和判断，从而形成自己的见解。

当然，阅读笔记中最能体现个人思考和感悟的部分，莫过于写下自己的感悟和思考。在阅读的过程中，我们时常会被书中的某些观点或情节所触动，产生强烈的共鸣或深刻的反思。此时，将这些感悟和思考记录下来，不仅能够帮助我们深化对书中内容的理解，更能够培养我们的批判性思维和独立思考能力。这些记录也是我们与书本对话的见证，体现了我们阅读过程中的心路历程和成长轨迹。

阅读笔记中的知识内化与输出过程，实际上是一个不断反思和成长的过程。通过不断地回顾和整理自己的阅读笔记，我们可以清晰地看到自己的思考轨迹和知识积累的过程。

　　阅读笔记的输出也是知识应用的重要环节。当我们需要将所学的知识运用到实际生活中时，阅读笔记就成为我们宝贵的参考资料。无论是撰写文章、进行演讲，还是参与讨论，我们都可以从阅读笔记中汲取灵感和素材，将自己的观点和见解以更加清晰、有条理的方式表达出来。

第四节　知识应用：将阅读融入教育实践

教师通过阅读教育学心理学经典著作和前沿研究来提升教育教学理念，将阅读内容巧妙地融入课程设计，改进教学方法，丰富教学资源，并通过阅读本专业的经典著作和前沿研究提升专业素养，从而实现将阅读所学知识全面有效地应用于教学工作实践，提高教学质量，促进学生全面发展。

一、通过阅读提升教育教学理念

教育教学理念是教师进行教学工作的指导思想，它不仅关乎教学质量，更对学生全面发展产生深远影响。为了不断更新和提升自己的教育教学理念，教师需要不断地学习，而阅读则是一种极其重要的学习方式。

教师可以通过广泛阅读教育学、心理学等领域的经典著作和前沿研究，深入了解教育的本质、目的和方法。这些书籍往往蕴含着深厚的教育思想和实践经验，能够帮助教师更好地理解学生的心理特点和学习过程。例如，《教育心理学》这样的书籍，就深入剖析了学生的学习心理、动机和认知过程，为教师提供了科学的依据，使他们能够更准确地把握学生的需求和特点，从而设计出更符合学生实际的教学方案。

阅读还可以让教师把握教育发展的最新趋势。随着科技的飞速发展和社会的不断进步，教育领域也在发生着日新月异的变化。教师需要时刻保持敏锐的洞察力和前瞻性思维，才能紧跟时代的步伐，为学生提供更加贴合现实需求的教育。而阅读，正是教师获取新知识、新观念的重要途径。通过阅读，教师可以了解到最新的教育理念、教学方法和技术手段，从而不断更新自己的知识体系，提高自己的教学水平和效果。

阅读还可以帮助教师提升自身的专业素养和人文素养。教师作为"传道、授业、解惑"者，需要具备广博的知识和深厚的文化底蕴。而阅读，正是教师积累知识、提升素养的有效途径。通过阅读，教师可以拓宽自己的知识视野，增强自己的文化底蕴，从而更好地履行教书育人的职责。

二、将阅读内容融入课程设计

课程设计是教学工作的核心环节，它直接关系到学生的学习效果和兴趣培养。为了打造生动有趣的课堂，教师需要不断寻找新的教学资源和内容。而阅读，作为教师获取知识和灵感的重要来源，可以为课程设计提供丰富的素材和思路。

教师可以通过阅读各类优秀的文学作品、科普读物等，将这些丰富多彩的内容融入课程设计中。在语文课程中，引入经典文学作品不仅可以让学生通过阅读感悟文学魅力，还能在潜移默化中提升他们的语文素养。比如，通过阅读《红楼梦》中的精彩片段，学生可以领略到古典文学的韵味和深意，同时也能学习到丰富的词汇和优美的句式。这样的课程设计既激发了学生的阅读兴趣，又提高了他们的语言表达能力和文学鉴赏能力。

在科学课程中，融入科普读物的内容可以让学生通过阅读了解科学原理和科技发展的前沿动态。例如，通过阅读关于宇宙探索的科普文章，学生可以了解到天文学的基本知识和发展历程，从而激发他们对宇宙奥秘的探索欲望。这样的课程设计不仅培养了学生的科学素养，还为他们未来的学习和职业发展奠定了坚实的基础。

除了文学和科学领域的内容外，教师还可以从历史、艺术、哲学等多个领域汲取灵感，将阅读内容巧妙地融入课程设计中。比如，在历史课程中引入历史人物传记的阅读材料，可以让学生更加生动地了解历史事件和人物性格；在艺术课程中融入艺术史和艺术评论的阅读内容，可以帮助学生更好地理解艺术作品背后的文化和历史内涵。

三、通过阅读改进教学方法

教学方法对于教学效果有着至关重要的影响，而阅读则是教师改进教学方法的重要途径。教师可以通过广泛阅读教育学、教学法等方面的专业书籍和前沿文章，深入了解并掌握各种先进的教学方法。

阅读《有效教学方法》等书籍，教师可以系统地学习到启发式教学、情境教学、项目式学习等多种教学方法的理论基础和实施策略。这些教学方法强调学生的主体性和参与性，有助于激发学生的学习兴趣和积极性，提高他们的学习效果。例如，启发式教学通过引导学生主动思考和探索，培养他们的问题解决能力和创新精神；情境教学则通过创设生动的学习情境，让学生在真实的语境中学习和运用知识。

在阅读过程中，教师不仅可以学习到这些教学方法的理论知识，还可以从书中丰富的案例和实践经验中获得启发。这些案例通常来自一线教师的教学实践，具有很强的实用性和可操作性。教师可以通过分析和借鉴这些案例，结合自己的教学实际，灵活地运用这些教学方法，从而提升教学效果。

阅读还可以帮助教师不断更新教育观念，跟上教育发展的步伐。随着新课程改革的深入推进，教学方法也在不断创新和发展。教师需要时刻保持敏锐的学习意识，通过阅读了解最新的教育理念和教学方法，及时将新的教学方法引入自己的课堂中，以适应新时代的教育需求。

四、通过阅读丰富教学资源

教学资源是教学工作的重要组成部分，对于提升教学效果和激发学生的学习兴趣具有重要作用。教师可以通过阅读来丰富自己的教学资源库，为自己的课堂教学注入新的活力和元素。

阅读是教师获取教学资源的重要途径之一。教师可以通过阅读各类教学辅助材料、网络资源以及学术期刊等，广泛收集与教学内容相关的教学资源。这些资源可以包括优秀教案、课件、教学视频等，它们能够为教师提供丰富的教学素材和灵感来源。

在阅读过程中，教师需要具备敏锐的资源意识，及时发现并收藏有价值的教学资源。例如，在阅读学术期刊时，教师可以关注那些与教学内容紧密相关的研究论文，将其中的观点、数据或案例作为教学素材，以增强课堂教学的说服力和趣味性。教师也可以通过阅读优秀教案和课件，学习到其他教师的教学设计和组织策略，从而提升自己的教学水平。

除了直接获取教学资源外，阅读还可以帮助教师拓宽教学思路，创新教学方式。通过阅读不同领域、不同主题的书籍和文章，教师可以接触到更多的知识和观点，从而激发自己的创新思维。这些新的思维和观点可以为教师的教学设计提供新的灵感与方向，使课堂教学更加生动有趣且富有深度。

五、通过阅读提升专业素养

专业素养，作为教师进行教学工作的基石，对于保障教学质量、引导学生全面发展具有举足轻重的作用。而阅读，作为教师自我提升和专业成长的重要途径，对于提高教师的专业素养同样具有不可替代的作用。

教师可以通过深入阅读本专业的经典著作，汲取前人的智慧和经验，更全面地理解所教学科的本质和核心思想。以数学教学为例，数学不仅是公式和算法的堆砌，更蕴含着深刻的逻辑思维和推理能力。通过阅读数学史相关的书籍，教师可以了解数学的发展脉络，理解各个数学概念和理论的来源与背景，从而在教学中更好地向学生传达数学的美妙和魅力。阅读数学哲学方面的书籍则有助于教师更深入地探讨数学的基础问题和思想方法，提升对数学学科的整体把握能力。

阅读前沿研究也是提升教师专业素养的重要途径。随着科技的飞速发展和社会的不断进步，教育领域也在不断涌现出新的研究成果和理论。教师可以通过阅读学术期刊、参加学术会议等方式，及时了解最新的研究动态和趋势，从而不断更新自己的知识体系和教学方法。这样的专业素养提升，不仅能够使教师跟上时代的步伐，还能够为学生提供更加前沿、更加科学的教育服务。

除了数学学科外，其他学科的教师同样可以通过阅读提升专业素养。例如，在英语教学中，教师可以通过阅读语言学、跨文化交际等方面的书籍，提升自己的英语水平和跨文化交际能力。这样的专业素养提升，有助于教师更好地理解英语语言的文化背景和社会环境，从而在教学中更加准确地传达英语语言的精髓和韵味。

值得一提的是，阅读不仅可以提升教师的专业素养，还能够培养教师的终身学习习惯。教师作为知识的传授者和学生的引路人，需要时刻保持对知识的渴望和对学习的热情。而阅读正是培养这种学习习惯的最佳途径之一。通过阅读，教师可以不断拓宽自己的知识视野、更新自己的教育观念、提升自己的教学技能，从而更好地履行教书育人的职责。

附：读后感

教育需要智慧
——读沙拉《特别狠心特别爱》有感

2016年国庆期间我陪女儿去图书馆看书，在新书推荐架上看到了沙拉的《特别狠心特别爱》。我拿到书就爱不释手，并一口气读完了此书，然后推荐给全班学生及其家长共同研读，并让大家分享读书感悟。之所以爱上这本书，是因为我发现我再次担任班主任所遇到的困惑和难题在这本书里都能找到答案。在我时隔十年再次担任班主任的第一天，就遇到了诸多棘手的问题，比如：学生集体不值日问题，少数学生跳墙去网吧问题，早恋问题，少数班干部没责任心问题，一些同学因为作息时间不一致导致部分宿舍不和睦问题，等等，我感到很无奈，也很无助。正当我一筹莫展的时候，看到了《特别狠心特别爱》这本书，我看到了智慧的灵光，茅塞顿开。

《特别狠心特别爱》，作者沙拉是上海社会科学院特聘研究员、上海市虹口区政协委员。她出生在中国上海，育有两子一女。中以建交后，在"回归故土"的召唤下，也为了让孩子们能够在不同的环境下体会磨难、学会坚强、领悟人生，沙拉放弃了上海的优越生活，带着三个孩子来到了战火纷飞的以色列，开始了一段跨国教育的特殊经历。

在书中，她与读者们分享了她营造良好家风获得成功的教子经历。她不仅吸取了一些家风教育精华，如培养契约精神、模拟家境、"富养"女孩、培养读书传统等，同时也创造性地把中国传统文化的理念用于教育，如"育儿如烹饪"、巧妙地培养敬畏之心、用孩子的优点战胜孩子的叛逆等。沙拉还在教子方法中融入了现代科学家教理念，给读者生动地讲述了她如何在逆境中成功培养出亿万富翁的故事。她通过借鉴中国教育和本民族教育的精华，自创"特别狠心特别爱"的教育方法，创造性地通过延迟满足、家风育人等理念，让原本衣来伸手、饭来张口的两个儿子不到三十岁就实现了自己的梦想。

如今，沙拉的传奇教子故事已经吸引了中央电视台《读书》栏目、《鲁豫有约》等三百多家媒体纷纷报道。

读完《特别狠心特别爱》，我感悟良多。

感悟一："不学礼，无以立。"

这是沙拉引用《论语》中的话，意思是说"做人要有礼貌，没有礼貌，是不能在社会立足的"。她认为教育孩子的第一步，就是培养孩子在公共场所的教养和礼仪。每次她带孩子去酒店，如果正好里面有人开门出来，她会要求孩子等对面的人离开后再进去，绝对不允许孩子因为门开了就直接进去，因为她认为那个门不是他们开的，是人家开的，就应该先让人家出来。细节之处彰显公德意识。

感悟二："活到老，学到老。"

这是沙拉引用的中国谚语，她认为她要成为孩子学习的榜样，她四十二岁苦读希伯来语，同时还能说很多方言，如四川话、广东话、宁波话，为了学习，她坚信"三人行必有我师焉"。她专门找老人聊天，从形形色色的人那里，学习和吸收自己需要的东西。她犀利地写道：其实老师在课堂上教的很多东西远不如家长在茶前饭后聊天聊的东西，和家长们聊的东西很多是课堂上、课本里没有的。作为一个教师，我看到这样的话，并不失落，因为这并不是说教师不重要，而是强调家长在教育中的重要性。家长是孩子的第一任老师，有什么样的家长就有什么样的孩子，这是我教学十年验证了的结论。有人反驳我："老师，你这样说不对，我邻居一个字不识而他的孩子却学习很好，考上了大学。"而我要说，这位邻居肯定想尽办法鼓励孩子认真学习来弥补自己没有文化的缺憾，他肯定是一个爱学习的人。家长不爱学习，觉得学不学不重要，那他的孩子就对学习无所谓；如果家长无公德之心，那他的孩子很有可能成为无德之人。人们都知道，家长是孩子的影子。

感悟三："滴水之恩当涌泉相报。"

这句中国俗语在沙拉身上运用得淋漓尽致。沙拉忘记不了善良的中国人对她的救助。她以自己当初被一个上海人救助的故事为原型，设计出纪念币，以表达对上海这座城市、对中国的深深感恩之心。这也是我们目前教育中所缺失的重要元素。现在的孩子确实有一些不懂得感恩，衣来伸手，饭来张口，"草莓族""啃老族"，觉得一切都是理所应当，满足他，就报以甜甜的微笑，蜜蜜的吻，不满足则报之一哭二闹三打滚，更有甚者对父母拳打脚踢，对老师、长辈口出狂言，大不敬。羊羔跪乳，乌鸦尚知反哺，何况人乎？留给我们的不只是反省。一个不懂感恩的人是很难成功的。

感悟四："由俭入奢易，由奢入俭难。"

这句话出自司马迁的《资治通鉴》。沙拉也的确这样要求孩子，她成功地做到了。她让孩子学会吃苦，让孩子参与家庭事务，挣钱养活自己，刷盘子，洗碗，建立"有偿机制"，让磨难转化为生命的财富，教给孩子通过劳动可以成功。这一点我们作为00后孩子的家长很少能做到，别说是让孩子自己炒菜，自己去市场历练，就是在家做一些力所能及的家务事也很难。沙拉的孩子之所以能自立、自信，是因为母亲的培养。我们呢，捧在手心怕摔了，含在嘴里怕化了。到最后，孩子不会感激我们，而是会责怪我们放手太晚。

感悟五：爱本身就是教育。

中国父母经常把爱和教育分开进行，可能是因为中国人较为含蓄，不善于在平淡的日常生活中把爱看作一种自然而然的存在，认为爱是一件惊天动地的事情，于是对孩子溺爱有加，把孩子放在家里第一重要的位置，这样的做法往往会培养出一个自私的孩子，等家长意识到问题的时候，又如临大敌开始教育孩子，这时往往是全家总动员，家里气氛剑拔弩张。这种爱与教育分离的方式，往往会让孩子心里迷茫，不能明了父母的良苦用心。

一些家长往往把爱与教育割裂开来，爱就是爱，教育就是教育，而且经常容易走极端，爱的时候恨不得把整个世界搬到孩子面前，对孩子百依百顺，甚至超前、超量满足，以显示自己对孩子的爱，教育起来的时候又肆意打骂，美其名曰是为孩子好才严格要求，实则是家长没有自我学习、自我提升，没有找到教育孩子的真正方法，以简单粗暴的打骂代替教育，这样的"严厉"不仅不能教育出优秀的孩子，还将对孩子的内心造成极大的伤害。很多家长问我："我对孩子不缺乏爱，教育起来也非常严格毫不留情，为什么孩子还是不听话呢？"我告诉他们："问题就在于你的方法不对，爱和教育两者是不应该分开的，我们应该在爱中教育孩子，同时要教会孩子如何爱。况且，我们教育孩子的目的不是培养一个听话的孩子，而是培养一个有独立人格、有自主生活能力而且内心充满爱的孩子。"每个父母都爱自己的孩子，但爱孩子并不简单，只凭一腔热爱是远远不够的，还要掌握科学的理念。如果教育理念和方法不得当，就会适得其反。爱而有教，是一种智慧的考验。通过了考验，才有资格说：我爱孩子，爱得不肤浅。

感悟六：教育是需要智慧的。

读完此书，我发现教育是需要智慧的。读了此书后，我发生了很大的改变，我对学生的教育也是严中有爱，我通过读书阅读分享会的形式，将我的教育理念分享给学生，通过一系列班会，班级学生智商和情商都得到了很大提升。比如，值日逃跑问题杜绝了，见到老师能主动打招呼了，运动会能积极参与了，还有很多同学会主动关心父母了，能主动与父母分享学校的事情，绝大多数同学的学习成绩发生了翻天覆地的变化，小周已经能进入年级前10名，小马也由年级400多名进入年级前50名。学生学习有目标有方向有动力，而且班级形成了一种良好学习氛围，学生也变得阳光了很多，听讲的时候眼睛都会闪着智慧的渴求上进的光芒。高二期末班级获得了优秀班级称号。最让人欣慰的是：在高三开学之前，全部家长和全体同学以及全体老师都参加了家委会组织的"升高三宣誓大会"，我们提出的口号是"恰同学少年风华正茂，誓决胜高考青春无悔"，更让我欣慰的是，班级的凝聚力空前提高：高三第一次板报全体同学参与，手工折叠了几千朵玫瑰花拼成了"社会主义核心价值观"，很多同学牺牲了学习的时间，我怕耽误大家学习阻止几次都没成功，学生们说："为了集体的荣誉拼了！"结果板报评比第一名，我在意的不是结果，我最感动的是学生们能有如此空前的凝聚力。

我认为教育是需要智慧的，爱的教育是花，它传播人情，传播人世间最美的东西，爱要有度，要严中有爱。怎样把我们的孩子培养成一个有爱心、有品格的人，《特别狠心特别爱》这本书给出了最好的答案。我最大的感悟是：教育是需要智慧的。我觉得老师和家长不要把教育完全停留在分数上，爱是多方面的，多元化的。

第四章
课堂管理与教学艺术

04

课堂，是知识的海洋，是思维的火花碰撞的地方，更是学生与教师共同成长的空间。在这个充满活力与创意的环境中，如何有效地进行课堂管理，以及如何运用教学艺术激发学生的学习兴趣，成为每一个教育工作者必须面对和思考的问题。本章将围绕"课堂管理与教学艺术"这一主题，深入探讨如何建立有序的学习环境、采用何种教学方略以激发学生的学习热情、如何营造高效的课堂氛围，以及在实践过程中如何进行反思与调整，从而不断优化课堂管理。通过这些探讨，我们期望能够帮助教师们更好地驾驭课堂，引领学生在知识的海洋中自由遨游，共同创造出一个充满活力、有序且高效的学习环境。让我们一起走进这个充满智慧的课堂，感受那份独特的教学魅力。

第一节　课堂规则：建立有序学习环境

明确课堂基本规则、合理安排课堂时间与节奏、有效管理课堂纪律，这三大要素共同构成了建立有序学习环境的基石。清晰的规则让学生明确行为准则，保证课堂活动的有序进行；合理的时间与节奏安排使教学内容得以高效传授，避免拖沓和浪费时间；而严明的课堂纪律则能及时纠正学生的不当行为，维护良好的学习氛围。这三者相辅相成，共同为创建一个高效、有序且富有学习氛围的课堂环境提供了坚实的保障。

一、明确课堂基本规则

课堂基本规则是保证教学活动有序进行的基础，它对于维护课堂秩序、提高教学效果具有至关重要的作用。为了建立一个有序的学习环境，我们首先需要明确课堂的基本规则。

（一）课堂基本规则的制定

1. 涵盖全面的规则内容

课堂基本规则应涵盖课堂行为、学习态度和尊重他人等多个方面。课堂行为规则可以规范学生的举止，确保课堂活动的有序进行；学习态度规则则引导学生以正确的态度对待学习，培养他们的学习积极性和自主性；尊重他人的规则则强调学生应尊重老师、尊重同学，营造和谐的学习氛围。

在制定规则时，我们需要考虑学生的年龄特点和认知水平，确保规则内容既具体又易于理解。规则应具有可操作性，便于学生在实际课堂中执行。

2. 与学生共同制定规则

为了让学生更好地理解和遵守规则，我们可以邀请学生参与规则的制定过程。通过与学生讨论和协商，让他们感受到自己在课堂中的主体地位，从而更加自觉地遵守规则。

（二）课堂基本规则的传达

1. 在课程开始时明确说明规则

每学期的第一节课，教师应向学生明确说明课堂基本规则，并强调其重要性。教师可以结合实例，详细解释每条规则的具体要求和意义，帮助学生理解和记忆。教师还可以邀请学生复述规则内容，以确保学生都清楚了解并承诺遵守。

2. 采用多种方式进行传达

除了口头传达外，教师还可以利用课件、海报等多种形式展示课堂基本规则。这样不仅可以吸引学生的注意力，还能帮助他们更好地记忆规则内容。教师还可以定期组织学生进行规则知识竞赛等活动，以检验学生对规则的理解和掌握情况。

（三）课堂基本规则的表述

1. 简单明了的表述方式

规则的表述要简单明了，避免使用复杂或模糊的语言。教师应尽量使用简洁、明确的词汇来描述规则内容，以确保学生能够准确理解并轻松记忆。教师还可以利用图表、图片等辅助工具来帮助解释规则内容，使其更加生动形象。

2. 避免歧义和误解

在制定和传达规则时，教师应特别注意避免歧义和误解的产生。为了确保规则的准确性和一致性，教师可以邀请其他教师或专业人士对规则进行审阅和修改。教师还可以定期和学生进行沟通与交流，及时了解他们对规则的理解和反馈意见，以便对规则进行必要的调整和完善。

（四）课堂基本规则的执行与监督

1. 严格执行规则

制定好的课堂基本规则必须得到严格执行。教师应时刻关注学生的行为表现，对违反规则的行为及时予以制止和纠正。教师还应定期对遵守规则的学生进行表扬和奖励，以激励他们继续保持良好的课堂行为。

2. 建立有效的监督机制

为了确保课堂基本规则的有效执行，教师可以建立有效的监督机制。例如：设立课堂纪律小组或班级管理员等角色来协助教师监督学生的行为表现；

定期开展课堂行为评估活动来检验规则的执行效果等。这些措施可以帮助学生养成良好的学习习惯和行为习惯，为建立有序的学习环境奠定坚实的基础。

（五）课堂基本规则的意义与价值

1. 维护课堂秩序

明确的课堂基本规则可以有效地维护课堂秩序，确保教学活动的顺利进行。通过规范学生的行为举止和学习态度，减少课堂中的混乱和干扰因素，提高教学效果和学习效率。

2. 培养学生的自律性和责任感

遵守课堂基本规则不仅是对学生的基本要求，也是培养他们自律性和责任感的重要途径。通过长期遵守规则的训练和实践，学生可以逐渐形成良好的行为习惯和道德品质，为未来的社会生活和职业发展打下坚实的基础。

3. 营造和谐的学习氛围

明确的课堂基本规则可以营造和谐的学习氛围，促进学生的全面发展。在遵守规则的前提下，学生可以更加专注于学习活动本身，充分发挥自己的潜力和才能；同时也可以在与其他同学的交流与合作中不断提升自己的沟通能力和团队协作精神。

二、合理安排课堂时间与节奏

在教育教学过程中，合理安排课堂时间与节奏是至关重要的。一个优秀的教师应该能够精准地掌控时间，使课堂的每一分钟都发挥最大的效用，同时确保教学节奏紧凑而有序，以保持学生的学习兴趣并高效地传授知识。

（一）课堂时间的合理分配

1. 制订详细的教学计划和时间表

在教学活动开始之前，教师应根据教学内容和学生需求，制订一份详细的教学计划和时间表。这不仅是教学工作的基础，也是确保课堂时间合理分配的关键。通过明确每个教学环节所需的时间，教师可以更好地掌控课堂进度，避免时间上的浪费。

制订教学计划和时间表时，教师应充分考虑学生的年龄、认知水平和学习习惯等因素。例如，对于低年级的学生，他们的注意力集中时间相对较短，因此教师需要更频繁地变换教学方法和节奏，以保持学生的注意力。而对于高年级的学生，教师可以开展更为深入和持续的教学活动，以满足他们对知识的渴望和探索。

2. 确保每个教学环节都有足够的时间进行

在制订好教学计划和时间表后，教师应严格按照计划执行，确保每个教学环节都有足够的时间。这不仅可以保证教学内容的完整性，还可以避免因时间不足而导致的仓促结束或遗漏重要内容的情况。

为了确保每个教学环节都有足够的时间进行，教师需要做好充分的准备工作，包括教学资料的准备、教学方法的选择以及应对可能出现的问题的策略等。教师还需要密切关注学生的学习状态，根据实际情况灵活调整教学进度和方法，以确保教学效果达到最佳。

（二）课堂节奏的紧凑与有序

1. 紧凑的教学节奏

紧凑的教学节奏是保持学生学习兴趣和提高教学效果的重要因素。拖沓、松散的课堂节奏会让学生感到枯燥乏味，甚至产生厌学情绪。因此，教师需要精心设计教学环节，使各个环节紧密相连，形成一个紧凑而富有节奏感的教学过程。

为了实现紧凑的教学节奏，教师可以采用多种教学方法和手段来吸引学生的注意力，如使用多媒体教学资源、组织小组讨论、进行角色扮演等。这些方法不仅可以激发学生的学习兴趣，还可以使他们在参与中学习、在互动中提高。

2. 有序的课堂组织

有序的课堂组织是确保教学节奏紧凑有序的关键。教师需要明确每个教学环节的目标和要求，并引导学生按照既定的计划和步骤进行学习。教师还需要密切关注学生的学习状态和问题反馈，及时进行调整和指导，以确保课堂秩序井然有序。

为了维护有序的课堂组织，教师可以制定一些课堂规则和纪律要求，如保持安静、认真听讲、积极参与等。这些规则和纪律不仅可以规范学生的行为举止，还可以培养他们的自律性和责任感。

（三）适时调整教学进度和节奏

在实际教学过程中，难免会遇到各种突发情况和意外因素，如学生的学习状态不佳、教学内容难度过大等。这时，教师需要具备灵活应变的能力，适时调整教学进度和节奏，以保持课堂的有序进行。

调整教学进度和节奏并不意味着随意更改教学计划和时间表，而是根据实际情况进行合理的优化和调整。例如，当发现学生在学习某个知识点时存在困难，教师可以适当放慢教学进度，增加一些辅助材料和练习题来帮助学生更好地理解与掌握；当学生的学习状态不佳时，教师可以通过变换教学方法或引入一些趣味性的活动来激发学生的学习兴趣和积极性。

三、有效管理课堂纪律

课堂纪律管理是教学活动顺利进行的重要保障。一个严明有序的课堂环境，不仅能够提升学生的学习效率，还能够培养他们的自律性和责任感。因此，有效管理课堂纪律，对于教师和学生而言都是至关重要的。

（一）制定明确的课堂纪律规范

1. 课堂纪律规范的重要性

明确的课堂纪律规范是维护课堂秩序的基础。通过制定一系列的纪律要求，可以清晰地告诉学生哪些行为是允许的，哪些行为是禁止的，从而为他们提供一个清晰的行为准则。这样，每个学生都能明确知道自己在课堂中的责任和义务，有助于形成有序的学习环境。

2. 具体纪律规范的内容

在制定课堂纪律规范时，应涵盖各个方面，如禁止喧哗、打闹、吃零食等行为。这些规范不仅有助于维护课堂秩序，还能促进学生的专注力和学习效率。规范中也可以包含一些正面的引导，比如鼓励学生积极参与课堂讨论、认真听讲等。

（二）及时处理违纪行为

1. 及时发现并纠正

教师在课堂中应时刻保持警觉，及时发现学生的违纪行为。一旦发现学生有违反纪律的行为，如喧哗、打闹等，教师应立即进行提醒和纠正。通过及时的干预，可以防止违纪行为的扩散和影响其他学生的学习。

2. 适当的惩罚措施

对于严重违反课堂纪律的学生，教师需要采取适当的惩罚措施以示警示。

惩罚的目的不是体罚或羞辱学生，而是让他们认识到自己的错误并承担相应的责任。因此，教师在实施惩罚时应遵循公正、合理的原则，并确保惩罚措施与违纪行为的性质相匹配。

（三）培养学生自觉遵守纪律的习惯

1. 引导与教育并重

要培养学生自觉遵守纪律的习惯，教师需要注重引导和教育。通过讲解纪律的重要性、分析违纪行为的后果等方式，引导学生认识到遵守纪律的必要性。教师还可以结合实例和案例，让学生了解遵守纪律对于个人成长和集体发展的重要意义。

2. 树立良好的榜样

身教胜于言传。教师在课堂中的一言一行都会对学生产生潜移默化的影响。因此，教师应以身作则，严格遵守课堂纪律规范，为学生树立良好的榜样。当学生看到教师都能够自觉遵守纪律时，他们也会更加愿意效仿并养成良好的行为习惯。

（四）形成良好的课堂风气和学习环境

1. 积极的课堂氛围

积极向上的课堂氛围对于学生的学习和成长至关重要。教师可以通过组织丰富多样的教学活动、鼓励学生积极参与讨论等方式来营造积极的课堂氛围。当学生在一个充满活力和创造力的环境中学习时，他们的学习兴趣和动力也会得到极大的激发。

2. 持续的纪律教育

为了形成良好的课堂风气和学习环境，教师需要持续进行纪律教育。这包括定期强调课堂纪律规范、及时表彰遵守纪律的学生以及组织相关的主题班会等活动。通过持续的纪律教育，可以让学生深刻认识到遵守纪律的重要性并付诸实践。

第二节　教学方略：激发学生学习兴趣

通过灵活运用"启发引导、寓教于乐、循序渐进、因材施教、实践探究、情境创设、合作学习、及时反馈"八种教学方法，教师不仅能够激发学生的学习兴趣和积极性，提高他们的学习效果和自主学习能力，还能够培养他们的创新精神、团队合作精神和实践能力，及时让学生了解自己的学习成果和不足，调整学习策略，从而为学生的全面发展奠定坚实基础。下面详细介绍其中六种教学方法。

一、启发引导

启发引导作为激发学生学习兴趣的重要策略，在教育实践中具有深远的影响。它的核心理念在于通过教师的引导，唤醒学生的内在动力，促使他们主动思考和探索，而非被动接受知识。这一方法体现了教育的本质：不仅传授知识，更在于点燃智慧的火花，培养学生独立思考和解决问题的能力。

在实施启发引导的过程中，教师需要精心设计问题和情境，这些情境要既能引起学生的兴趣，又能与教学内容紧密相连。例如，在科学课程中，一个引人入胜的科学实验可以作为启发引导的起点。教师可以先展示一个令人眼前一亮的实验现象，如水的表面张力实验，通过纸片上的小孔滴水形成凸起的水珠，这一奇妙现象自然会引发学生的好奇。此时，教师可以提出问题："为什么水没有通过纸片上的小孔流出，反而形成了凸起的水珠呢？"这样的问题不仅能激发学生的好奇心，还能引导他们深入探究科学原理。

同样，在语文课上，教师可以通过生动的叙述和丰富的情感，为学生描绘一个引人入胜的故事开头。比如，在讲述《红楼梦》时，可以先从贾宝玉和林黛玉的初遇说起，用优美的语言和细腻的情感描绘他们的相见场景，然后提出问题："他们的相遇对整个故事的发展有何重要意义？"这样的问题设计，既能激发学生对文学作品的兴趣，又能引导他们深入理解文学作品的内涵和价值。

启发引导的魅力在于，它让学生成为学习的主人，而不仅仅是知识的接受者。通过主动思考和探索，学生不仅能够更深入地理解知识，还能够培养他们的创新思维和解决问题的能力。

启发引导还有助于建立和谐的师生关系。当教师以引导者的身份出现时，学生更容易感受到教师的关心和尊重，从而更加积极地参与到学习中来。平等、互动的教学方式，有助于拉近师生之间的距离，让教育变得更加温暖和人性化。

二、寓教于乐

寓教于乐，这一古老而又现代的教育理念，旨在将教育活动与娱乐活动相结合，让学生在轻松愉快的氛围中学习知识，激发他们的学习兴趣。

在实施寓教于乐的教学策略时，教师需要充分考虑学生的年龄特点和兴趣爱好，设计出既有趣味性又有教育意义的娱乐活动。以数学课为例，教师可以通过设计一系列有趣的数学游戏，让学生在游戏中掌握数学概念和计算方法。比如，"数学接力赛"就是一个很好的选择。在这个游戏中，学生被分成若干小组，每个小组通过解答数学题目来传递接力棒。这样的活动不仅能锻炼学生的数学运算能力，还能培养他们的团队合作精神和竞争意识。

在英语课上，寓教于乐的教学策略同样能发挥巨大的作用。教师可以通过角色扮演、情景对话等活动，让学生在模拟真实场景的语境中学习英语。比如，教师可以设计一个"在餐厅点餐"的情景对话，让学生分别扮演服务员和顾客，用英语进行点餐和交流。这样的活动不仅能提高学生的口语表达能力和语言运用能力，还能让他们在实践中学习英语，更加深入地了解英语国家的文化和习俗。

寓教于乐的教学策略不仅能让学生在轻松愉快的氛围中学习知识，还能培养他们的综合素质。在娱乐活动中，学生需要与他人合作、交流和分享，这有助于培养他们的团队合作精神和沟通能力。学生在解决问题和完成任务的过程中，也能锻炼创新能力和实践能力。

值得注意的是，寓教于乐的教学策略需要教师具备创新意识和设计能力。教师需要不断尝试新的教学方法和活动形式，以满足学生的多样化需求。教师还需要密切关注学生的学习情况，及时调整教学策略，确保学生在娱乐活动中真正学到知识，实现寓教于乐的教育理念。

三、循序渐进

循序渐进不仅是一种教学策略，更是一种尊重学生学习过程、注重学生个体差异的教学理念。其核心思想是依据学生的认知规律和学习进度，有层次、有步骤地进行教学，从而确保学生能够稳固地掌握知识，提升学习兴趣。

在实际教学中，循序渐进的重要性不言而喻。学生的学习过程如同攀登高峰，每一步都需要踏实稳固，才能确保最终的成功登顶。因此，教师在教学过程中，应遵循由浅入深、由易到难的原则，逐步引导学生深入探究学科知识。

以物理课为例，教师可以先从日常生活中的简单物理现象入手，如物体的运动、力的作用等，让学生通过直观的实验和观察，理解物理原理的实际应用。随着学生知识基础的稳固，教师可以逐步引入更复杂的物理概念和定律，如牛顿运动定律、能量守恒定律等。这样的教学方式，不仅有助于学生更好地理解物理知识，还能激发他们的学习兴趣和探究欲望。

同样，在历史课上，循序渐进的教学策略也大有裨益。历史是一门需要记忆大量事实和细节的学科，如果教师一开始就要求学生掌握所有的历史知识，势必会给学生带来巨大的学习压力。因此，教师可以通过循序渐进的方式，按照历史时间线索，逐步介绍历史事件和人物。例如，在讲述中国古代史时，可以先从夏商周三代讲起，逐步过渡到春秋战国、秦汉、三国两晋南北朝等历史时期。这样的教学方式，不仅有助于学生建立清晰的历史脉络，还能让他们在逐步深入的学习过程中，感受到历史的魅力。

循序渐进的教学策略需要教师具备高度的责任心和耐心。教师需要时刻关注学生的学习进度和反馈，及时调整教学计划和内容，以确保学生能够稳步前进。教师还需要注重培养学生的自主学习能力和探究精神，让他们在循序渐进的学习过程中，不断提升学科素养和综合能力。

四、因材施教

因材施教，这一古老的教育理念，至今仍然闪耀着智慧的光芒。它强调尊重学生的个体差异，针对学生的特点进行教学，以最大限度地发挥他们的潜能和优势。

在因材施教的过程中，教师需要深入了解每个学生的特点、兴趣和需求。通过观察学生的课堂表现、作业情况和考试成绩，教师可以对学生的学习状况有一个全面的了解。教师还需要与学生建立良好的沟通机制，及时了解他们的学习困惑和需求，为他们提供个性化的辅导和指导。

以喜欢绘画的学生为例，教师可以结合他们的兴趣，将绘画与学科教学相结合。在历史课上，教师可以让学生通过绘画的方式，展现历史事件或人物的形象；在地理课上，教师可以让学生通过绘制地图或景观图，加深对地理知识的理解。这样的教学方式，不仅能够激发学生的学习兴趣，还能够发挥他们的特长和优势，提高他们的学习效果。

对于热爱运动的学生，教师可以通过体育活动进行数学教学。例如，在教授比例和百分比等数学概念时，教师可以设计一些与运动相关的实际问题，让学生在解决问题的过程中掌握数学知识。这样的教学方式，既能够让学生在运动中学习数学，又能够培养他们的实践能力和解决问题的能力。

因材施教的教学策略需要教师具备敏锐的观察力和灵活的教学能力。教师需要时刻关注学生的变化和发展，及时调整教学方式和内容，以满足不同学生的需求。教师还需要注重培养学生的自主学习能力和创新精神，让他们在个性化的学习过程中，不断挖掘自己的潜能和才华。

五、实践探究

实践探究，这一教学方法体现了"学以致用"的教育理念，它鼓励学生通过亲身参与和实际操作来探索与验证知识，从而深化理解，培养实践能力和创新精神。在这个过程中，学生不仅能够巩固理论知识，还能够在实际操作中感受到学习的乐趣和实用性。

实践探究在教学中的应用广泛且多样。以化学课为例，化学反应的抽象性往往让学生望而却步，然而，通过亲手进行化学实验操作，观察化学反应的直观现象，如颜色的变化、气体的生成等，学生能够更加直观地理解化学反应的本质，培养他们严谨的科学态度和实验技能。

同样，在地理课上，实地考察地理环境为学生提供了一个绝佳的学习平台。通过走访不同的地貌、观察植被分布、了解气候特点，学生能够亲身感受到地理知识的实际应用，从而加深对地理现象和规律的理解。这样的教学方式不仅让学生走出了教室，还让他们在实践中学习，在学习中实践，真正实现了知识的活学活用。

实践探究的价值不仅在于激发学生的学习兴趣，更在于培养他们的实践能力和创新精神。在实践过程中，学生需要动手操作、观察现象、记录数据、分析结果，这一系列过程不仅锻炼了他们的实践能力，还培养了他们的科学素养和解决问题的能力。实践探究还鼓励学生勇于尝试、敢于创新，让他们在探索未知的过程中不断挖掘自己的潜能和才华。

为了更好地实施实践探究，教师需要做好充分的准备和指导工作。首先，教师要为学生选择合适的实践项目和科学探究主题，确保实践内容与教学内容紧密相连；其次，教师要为学生提供必要的实验器材和实地考察工具，确保实践活动的顺利进行；最后，教师要在实验和考察过程中给予学生及时的指导与帮助，确保他们在实践中的安全和有效学习。

六、情境创设

情境创设，作为一种富有创意的教学方法，旨在通过创造生动、具体的学习情境，引领学生进入一个与学习内容紧密相连的虚拟世界。这种方法不仅能够激发学生的学习兴趣，还能够提升他们的学习效果，使知识更加生动、形象。

在情境创设的实施过程中，教师需要结合教学内容和学生的认知特点，精心设计各种情境。以政治课为例，教师可以通过模拟联合国大会的情境，让学生扮演不同国家的代表，围绕某个国际议题展开辩论和协商。这样的情境创设，不仅能让学生更加深入地了解国际政治的实际运作，还能培养他们的团队合作精神和沟通技巧。

在生物课上，情境创设同样能发挥巨大的作用。教师可以创设一个生态系统的情境，让学生扮演生态系统中的不同生物角色，通过模拟生物之间的相互关系和生态平衡，来深入理解生物学的核心概念。这样的教学方式，不仅能让学生更加直观地感受到生物学的魅力，还能培养他们的环保意识和生态责任感。

情境创设的优势在于它能够让学生更加主动地参与到学习中来。在生动的情境中，学生不再是被动的知识接受者，而是成为情境中的主角，需要主动地思考和解决问题。

为了更好地实施情境创设，教师需要不断提升自己的教学能力和创意水平。教师需要关注时事热点和学生兴趣点，结合教学内容，创设出既有趣味性又有教育意义的情境。教师还需要在情境中给予学生适当的引导和帮助，确保他们在情境中的学习有效且有意义。

第三节　互动合作：营造高效课堂氛围

互动合作是高效课堂的核心，通过灵活运用小组合作探究、角色扮演与模拟、互动式问答、同伴互助学习及项目式学习五种方式，教师能够充分激发学生的学习兴趣，培养其团队协作能力，提升其思维与实践能力，进而营造出一个积极、高效且富有创造力的课堂氛围，为学生的全面发展奠定坚实基础。多元化的互动合作模式，不仅彰显了教育的创新与实践精神，更是推动现代教育不断进步的重要力量。

一、小组合作探究

小组合作探究，这一教学方式不仅是高效课堂的重要组成部分，更是培养学生团队协作能力、自主学习能力以及批判性思维的有效途径。在现代教育背景下，小组合作探究越来越受到教育者的青睐，因为它能够充分发挥学生的主体作用，激发他们的学习兴趣，让他们在合作与探究中共同成长。

在实施小组合作探究时，教师需要综合考虑学生的能力、性格、兴趣等多方面因素，将学生合理地分成不同的小组。每个小组都应该是一个有机的整体，成员之间能够互补、协作，共同面对学习中的挑战。分组完成后，教师需要为每个小组分配特定的探究主题或问题，这些问题应该具有探究性和开放性，能够引发学生的思考和讨论。

小组合作探究的核心在于"合作"与"探究"。合作意味着小组成员之间需要相互沟通、交流，共同解决问题。在这个过程中，每个学生都有机会发表自己的观点和看法，同时也需要倾听他人的意见，学会尊重和理解不同的观点。

而探究则要求学生能够主动地去寻找问题的答案或解决方案。在小组合作探究中，学生不再是被动地接受知识，而是需要主动地去发现问题、分析问题并尝试解决问题。

为了确保小组合作探究的有效性，教师需要精心设计探究任务。任务的难度应该适中，既能够激发学生的挑战欲望，又不会让他们感到无从下手。教师还需要在探究过程中给予适当的引导和帮助，确保学生能够保持正确的探究方向。引导和帮助可以是提供必要的资料与信息，也可以是给予适当的提示和指导，让学生能够在探究过程中不断取得进展。

小组合作探究不仅是一种教学方式，更是一种教育理念。它强调学生的主体性和主动性，注重学生的合作与探究精神的培养。通过小组合作探究，学生能够更加深入地理解知识，提高他们的学习能力和团队协作能力，为未来的社会生活和工作打下坚实的基础。

二、角色扮演与模拟

角色扮演与模拟是一种富有创意和互动性的教学方式，它为学生提供了一个身临其境的学习环境，让他们在模拟的情境中掌握知识、提升能力。

在角色扮演与模拟中，教师需要根据教学内容和目标，设计贴近学生生活实际的情境或场景。这些情境或场景可以是真实的，也可以是虚构的，但都需要具有一定的代表性和针对性，能够让学生快速地进入角色，感受模拟演练的真实性。

为了让学生更好地融入角色，教师需要给予学生充分的准备时间和指导。在准备阶段，教师可以为学生提供相关的背景资料和情境描述，帮助他们更好地理解角色和情境。教师还可以引导学生思考如何更好地扮演角色、解决问题，并鼓励他们发挥想象力和创造力。

在角色扮演与模拟的过程中，教师需要密切关注学生的表现。他们不仅要注意学生的语言表达和动作表演，还要关注学生的思维过程和解决问题的能力。通过观察和评估，教师可以及时发现问题并给予反馈和指导，帮助学生更好地理解和掌握所学内容。

角色扮演与模拟的魅力在于它能够让学生在轻松愉快的氛围中掌握知识、提升能力。通过这种方式，学生不仅能够更加深入地理解教学内容，还能够提高解决实际问题的能力。

为了让角色扮演与模拟更加有效，教师需要注重情境的创设和角色的分配。情境的创设需要贴近学生的实际生活，让他们能够快速地融入其中；而角色的分配则需要根据学生的性格、能力和兴趣等因素进行综合考虑，确保每个学生都能够在模拟中得到充分的锻炼和提升。教师还需要注重反馈和指导的及时性、针对性和有效性，让学生能够真正地从模拟中学习和成长。

三、互动式问答

互动式问答，这一简单却高效的教学方式，在现代课堂中占据着不可或缺的地位。它不仅是教师与学生之间沟通的桥梁，更是激发学生思考、检验学生学习成果的重要手段。通过互动式问答，教师能够引导学生进行深入思考，学生也能够通过回答问题来展示自己的思维过程和学习成果。

互动式问答的魅力首先体现在其能够实时检验学生对知识的理解程度。当教师提出问题时，学生的回答往往能够直接反映出他们对知识的掌握情况。通过这种方式，教师可以及时了解学生的学习状态，以便更好地调整教学策略。

互动式问答还能够有效激发学生的学习兴趣。在回答问题的过程中，学生不仅能够感受到挑战和刺激，还能够在正确回答问题后获得成就感和自信心。

互动式问答也是提高学生思维能力和口头表达能力的重要途径。在回答问题时，学生需要组织语言、清晰表达，这不仅能够锻炼他们的口头表达能力，还能够提高他们的逻辑思维能力。通过不断地思考和表达，学生能够更加深入地理解知识，形成自己的知识体系。

在实施互动式问答时，教师需要精心设计问题，确保问题具有启发性和挑战性。这样不仅能够引导学生深入思考，还能够激发他们的求知欲和探索欲。教师还需要关注学生的回答情况，及时给予肯定和鼓励。

互动式问答虽然看似简单，但其背后蕴含着深厚的教育理念和教学技巧。它不仅能够激发学生的学习兴趣，提高他们的思维能力和口头表达能力，还能够为高效课堂的建设添砖加瓦。因此，教师应该充分认识到互动式问答的重要性，并在实际教学中加以灵活运用。

四、同伴互助学习

同伴互助学习，这一基于学生之间互帮互助的学习方式，在现代教育中越来越受到重视。它不仅能够提升学生的自主学习能力，还能够培养他们的团队协作精神和责任感。通过同伴之间的互相讲解、讨论和纠正错误，学生能够更加深入地理解知识，解决学习中的疑难问题。

同伴互助学习的优势在于其能够充分发挥学生的主体作用。在传统的课堂教学中，教师往往是知识的传授者，而学生则是被动的接受者。但在同伴互助学习中，学生成为学习的主体，他们需要通过自己的努力和同伴的帮助来解决问题。学习方式的转变不仅能够激发学生的学习兴趣，还能够提高他们的自主学习能力。

同伴互助学习还能够培养学生的团队协作精神。在互助学习的过程中，学生需要与他人进行合作和交流，共同解决问题。

在实施同伴互助学习时，教师需要为学生创造一个良好的互助环境，包括提供必要的学习资源和指导，鼓励学生积极参与互助活动，以及及时给予反馈和评价。教师还需要关注学生的互助过程，确保他们能够真正解决问题并掌握知识。这需要教师具备敏锐的观察力和丰富的教育经验，以便及时发现学生的学习困难和问题，并给予适当的帮助和指导。

同伴互助学习不仅是一种有效的学习方式，更是一种积极的教育理念。它强调学生之间的合作与交流，注重学生的主体性和主动性。通过同伴互助学习，学生能够更加深入地理解知识，提高他们的学习能力和团队协作能力。因此，教师应该充分认识到同伴互助学习的重要性，并在实际教学中加以推广和应用。

五、项目式学习

项目式学习，这种以解决实际问题为核心的互动合作教学方式，正逐渐成为现代教育的重要组成部分。它强调学生的主体性，鼓励学生通过实践、探究与合作来解决问题，从而培养他们的实践能力和创新精神。

在项目式学习中，教师不再是单纯的知识传授者，而是成为学生学习的引导者和支持者。教师需要根据学生的认知水平和兴趣，精心选择合适的项目主题和任务。这些项目主题通常与现实生活紧密相连，旨在解决真实的问题或挑战。例如，研究当地的环境污染问题并提出解决方案，或者设计一个能够解决实际问题的新产品等。

项目的难度和范围需要适中，既要激发学生的挑战欲望，又不能过于超出他们的能力范围。这需要教师对学生的能力有深入的了解，以便为他们量身定制合适的项目任务。

一旦项目启动，学生将通过团队合作、调查研究、实践操作等方式来推进项目的进展。他们不再是被动的知识接受者，而是成为主动的知识探索者和问题解决者。在这个过程中，学生需要学会如何与他人合作，如何收集和分析信息，如何提出和验证假设，以及如何解决遇到的问题。这些技能的培养，不仅对他们的学术发展有重要意义，更将为他们的未来职业生涯打下坚实的基础。

教师在项目过程中的角色也至关重要。他们需要时刻关注学生的进展，及时给予指导和支持。教师的角色不再是简单的知识传授者，而是成为学生学习的伙伴和引路人。

项目式学习的魅力在于其能够充分发挥学生的主动性和创造性。在项目过程中，学生需要不断地思考和探索，寻找解决问题的最佳方案。主动的学习方式不仅能够激发学生的学习兴趣，还能够提高他们的实践能力和创新能力。项目式学习还能够培养学生的团队合作精神和领导能力，使他们在解决问题的过程中学会与他人合作、沟通和协调。

项目式学习不仅是一种教学方式，更是一种教育理念。它强调学生的主体性和实践性，注重学生的综合素质的培养。通过项目式学习，学生能够更加深入地理解知识，提高学习能力和实践能力，为未来的社会生活和工作打下坚实的基础。因此教师应该充分认识到项目式学习的重要性，并在实际教学中加以灵活运用，以更好地促进学生的全面发展。

第四节 反思调整：优化课堂管理实践

班主任应通过深入的学情分析把握学生需求，不断进行教学反思与探讨以提升课堂质量，细心观察学生的学习状态并及时改进教学方法，积极向优秀班主任学习调整管理策略，重视学生反馈以更好地满足学生期望，同时持续进行效果研究来检验课堂管理的优化成果。通过这一系列反思与调整的实践，班主任能够全面提升课堂管理水平，为学生创造更加高效、和谐的学习环境。

一、学情分析

学情分析是课堂管理的基石，是确保教学质量、提升学生学习效果的关键步骤。作为班主任，深入了解学生的学习状况是不可或缺的职责。学情分析不仅关乎学生的学习基础、学习习惯，还涉及他们的兴趣爱好和个性特点。这一环节的重要性不言而喻，因为只有全面把握学情，班主任才能制定出更加贴合学生实际的教学策略，进而满足不同层次学生的需求。

在进行学情分析时，班主任需运用多元化的信息收集方法。课前问卷调查是一种常用且有效的方式，通过设计针对性强的问题，班主任能够迅速捕捉到学生的学习需求和兴趣点。例如，可以询问学生对即将学习内容的了解程度、他们在学习过程中遇到的困难以及期望的学习方式等。这些信息对于调整教学内容和方法至关重要。

与学生个别交流也是不可或缺的一环。面对面的沟通能够让班主任更加直观地了解学生的想法和感受。在交流过程中，班主任要保持耐心和倾听，鼓励学生表达自己的观点和困惑。通过这种方式，班主任不仅能够获取宝贵的第一手资料，还能够建立起与学生之间的信任和联系。

查看学生以往的学习成绩也是学情分析的重要组成部分。成绩作为学生学习效果的直接体现，能够反映出学生在知识掌握、学习态度以及应试技巧等方面的情况。班主任要结合学生的成绩变化，分析他们的学习进步和存在的问题，从而为后续的教学提供有力的参考。

在收集到丰富的学情信息后，班主任要进行深入的分析和整合。例如，对于基础较差的学生，班主任要重点关注他们的学习障碍和难点，制订个性化的辅导计划。可以提供预习资料，帮助他们提前了解新课内容，建立必要的知识储备。对于基础较好的学生，班主任则要设计更具挑战性的学习任务，如难度较大的练习题或拓展阅读，以激发他们的求知欲和探索精神。

学情分析是一个持续且动态的过程。随着教学的深入和学生学习的进步，班主任要不断更新和完善学情分析，确保教学策略始终与学生的实际需求保持同步。通过细致入微的学情分析，班主任不仅能够提升教学质量，还能够为学生的全面发展奠定坚实的基础。

二、反思探讨

反思探讨是教学过程中的重要环节，尤其对于班主任而言，每节课后的反思都是一次提升自身教学能力的机会。在每节课结束后，班主任应该静下心来，对自己的教学过程进行深入反思。反思应该是全面的，涵盖教学内容、教学方法、课堂互动等各个方面。

首先，班主任要反思教学内容的选择和安排是否合理。这包括知识点的覆盖是否全面、重点是否突出，以及是否有针对性地解决了学生的疑惑和问题。例如，如果发现有某些重要概念或方法没有被充分讲解，或者学生的反馈显示出对某些部分存在普遍困惑，那么就需要在下一次教学中进行相应的调整。

其次，教学方法的反思也至关重要。班主任要思考自己采用的教学方法是否有效，是否能够激发学生的学习兴趣和积极性。比如，可以尝试使用不同的教学手段，如案例分析、小组讨论等，来提高学生的参与度。班主任还要关注课堂氛围的营造，反思自己是否创造了一个积极、开放和包容的学习环境，让学生能够自由发表观点、交流想法。

除了个人的反思外，班主任还可以邀请同事一起进行反思探讨。集体反思的方式能够拓宽教学思路，促进教师之间的合作与交流。在探讨过程中，班主任可以分享自己的教学经验和遇到的问题，听取同事们的意见和建议，共同寻找更好的解决方案。

通过深入的反思探讨，班主任可以不断发现自己在教学中的不足之处，并及时调整和改进。持续的自我提升过程不仅有助于提高教学效果，还能够为班主任的专业成长奠定坚实的基础。积极的反思和探讨也有助于营造一种开放、进取的教学氛围，激发学生的学习热情和创造力。

三、观察改进

观察改进是班主任优化课堂管理的关键环节，它要求班主任在教学过程中始终保持敏锐的洞察力，密切关注学生的学习状态，以及时发现问题并进行相应的调整。这一步骤对于确保教学质量、提升学生的学习效果至关重要。

在教学过程中，班主任要时刻留意学生的反应和表现。这不仅包括学生的面部表情、肢体动作，还包括他们参与课堂活动的积极性和回答问题的质量。例如，当发现某个学生频繁地走神或打哈欠时，这可能意味着当前的教学内容或方法未能有效吸引其注意力。此时，班主任需要灵活地调整教学策略，如改变讲解方式、增加实例分析或引入更生动有趣的案例，以重新激发学生的学习兴趣。

除了课堂上的实时观察外，班主任还要关注学生的作业和测验情况。这些是学生掌握知识程度的直接反映，也是教学效果的重要评价指标。通过分析学生的作业质量和测验成绩，班主任可以了解到哪些知识点学生掌握得较好，哪些部分存在困难。针对学生的薄弱环节，班主任需要重点加强，可以在课堂上进行重点讲解，或者安排额外的辅导和练习，以帮助学生巩固知识、提高学习效果。

在观察改进的过程中，班主任还需要注重与学生的沟通和交流。通过与学生的互动，班主任可以更加深入地了解他们的学习需求和困惑，从而更有针对性地进行教学调整。例如，可以定期组织学生进行小组讨论或问卷调查，收集他们对教学内容的反馈和建议，以便更好地满足学生的学习需求。

四、借鉴调整

向优秀班主任学习是提升课堂管理水平的有效途径，也是班主任不断自我提升和成长的重要方式。在日常工作中，班主任应该保持开放的心态，积极向身边的优秀班主任请教和学习。

优秀班主任往往具有丰富的教学经验和独特的教学方法，他们的课堂管理技巧和成功做法可以为其他班主任提供有益的借鉴与参考。通过向他们学习，班主任可以更快地掌握有效的教学策略和管理手段，从而提高教学效果和课堂管理水平。

在学习过程中，班主任要注重观察和总结。可以观摩优秀班主任的课堂教学，了解他们如何组织课堂、激发学生的学习兴趣、处理课堂问题等方面的方法和技巧；也可以与优秀班主任进行深入的交流和讨论，分享彼此的教学经验和心得。通过这些学习和交流，班主任可以不断完善自己的教学策略和管理手段，更好地适应学生的学习需求和课堂环境。

除了向身边的优秀班主任学习外，班主任还可以通过阅读相关书籍、参加教育培训等方式来不断拓宽自己的教学视野和知识面。这些学习资源可以为班主任提供更多的教学灵感和创新思路，有助于提升课堂管理的效果和质量。

向优秀班主任学习不仅有助于提升班主任的教学能力和课堂管理水平，还能激发班主任的工作热情和创新精神。通过与优秀班主任的交流和学习，班主任可以更加明确自己的职业发展方向和目标，不断追求更高的教育境界。

五、学生反馈

学生反馈在优化课堂管理中扮演着至关重要的角色。它不仅是评估教学效果的直观指标，更是班主任改进教学策略、提升课堂管理水平的重要依据。在教学过程中，积极收集并分析学生的反馈意见，对于班主任来说，是确保教学质量、提升学生学习体验的关键环节。

为了全面、深入地了解学生的需求和感受，班主任应该采取多种方式积极收集学生的反馈。定期进行问卷调查是一种有效的手段，通过设计针对性强、问题全面的问卷，班主任可以系统地收集学生对教学内容、教学方法、课堂氛围以及作业布置等方面的看法和建议。设置意见箱或利用现代信息技术手段，如在线反馈平台，也可以为学生提供更加便捷、私密的反馈渠道。

在收集到学生的反馈后，班主任要进行仔细的分析和解读。学生的意见和建议往往蕴含着宝贵的教学改进方向，因此，班主任要以开放、包容的心态对待学生的反馈，尤其是批评和建议。通过深入分析，班主任可以发现自己在教学过程中的盲点和不足，进而及时调整教学策略，更好地满足学生的学习需求。

班主任还要重视与学生的个别交流。利用课间休息、课后辅导等时机，与学生进行面对面的沟通，了解他们的学习困惑、生活烦恼以及对教学的个性化需求。个别化的交流不仅能够增强学生对班主任的信任感和归属感，还能够为班主任提供更加具体、有针对性的教学改进建议。

班主任在收集和处理学生反馈时，要注重保护学生的隐私和尊重他们的意见。对于学生的个人信息和反馈内容，都要严格保密，避免对学生造成不必要的困扰。对于学生的合理建议，班主任要积极采纳并实施，让学生感受到自己的意见被重视和采纳，从而激发他们的参与热情和学习动力。

六、效果研究

效果研究是课堂管理优化过程中不可或缺的一环，它旨在科学地评估课堂管理的实际效果，为进一步的改进提供有力依据。这一环节的重要性在于，它能够帮助班主任客观地审视自己的教学实践，发现存在的问题，并及时调整策略以提升教学质量。

在进行效果研究时，班主任可以采取定量和定性相结合的研究方法。定量分析主要通过对学生的学习成绩、学习态度等数据进行统计和分析，以揭示课堂管理实践对学生学习的具体影响。例如，班主任可以对比实施优化措施前后的学生成绩变化，从而评估这些措施的有效性。而定性分析则更注重对学生的观察、访谈以及课堂氛围的感知，以获得更加深入、全面的了解。

除了直接的教学效果评估外，效果研究还应关注学生对课堂管理的反馈。学生的满意度、参与课堂活动的积极性以及他们对课堂氛围的评价等，都是衡量课堂管理效果的重要指标。通过收集和分析这些反馈，班主任可以更加准确地了解学生的实际需求和感受，进而调整管理策略以满足学生的期望。

在进行效果研究时，班主任还应注重与同事、学科专家的交流与合作。他们可以提供宝贵的建议和指导，帮助班主任更加科学、客观地分析研究结果。班主任也要关注教育领域的前沿动态，不断学习新的教学理念和方法，以保持课堂管理的与时俱进。

效果研究的最终目的是指导实践。因此，班主任要根据研究结果及时调整课堂管理策略，将理论与实践相结合，不断提升教学质量。通过持续的效果研究和改进实践，班主任可以逐步形成具有自己特色的高效课堂管理模式，为学生的全面发展创造更加有利的学习环境。

附：

把课堂还给学生

把课堂还给学生，充分发挥学生学习的积极性、主动性，这是新课改的重要内容和本质要求。在课堂教学中，教师如何进行角色的转化，打破传统的教学模式，实实在在地把课堂让位于学生，让学生在课堂上充分施展自己的才华，成为要学、会学的主人翁？下面是我的一些思考与做法。

一、五个注意

（一）注意倾听

传统的课堂教学通常是教师讲学生听，新基础教育理念下的课堂教学则要求教师多听，学生多讲。通过听学生讲，我常常被学生丰富的想象力、独到的见解、幽默睿智的语言深深折服，有时真是觉得不是我在教他们，而是他们在教我。我觉得倾听提高了教师的自我能力，真正领悟到了教学相长的真谛。

（二）注意鼓励

以前我在课堂上对学生有鼓励，但不多，而且常常是轻描淡写，一带而过，教师没感觉，学生没反应，处于一种麻木状态。实行课改后，我注意加强"表扬"意识，在课堂学习的口头评价上以鼓励为主，每节课多赞扬学生，多欣赏学生；不是光赞扬一两个学生，而是赞扬一批学生甚至赞扬全班学生；不是一两次，而是多次；不是虚伪的、应付的，而是真切的、实实在在的。我深切体会到，鼓励能够激发学生的学习兴趣和创造力，也能够激发学生对老师的感情，融洽师生关系，有百利而无一害。

（三）注意师生互动

所谓师生互动，是指互相激励，师生互相激发学习乐趣，师生互相激发想象力和创造力。我以前在课堂教学中的激励，往往是单向的，只讲教师激励学生，不讲学生激励教师；只讲教师激励学生想象、创造，不讲教师被学生激励想象、创造。这种教学方式虽比死灌要强一些，但也是活灌，还是把学生当成知识容器，没有把学生置于学习主体和创造主体的位置。在新基础教改实验中，我注意有意识地把课堂教学的重点定位在师生共同学习的过程性和反复性上，把师生互相激励、不断向真理深处探究钻研，和而不同，和谐民主作为课堂教学的最高境界。现在的课堂上，经常会出现这样的情景：学生想到A，老师由A想到B，学生又联想到C；学生有自己的观点，教师根据经验提出相反的意见，学生就老师的意见又展开批驳和反诘……在这样的学习过程中，学生思维的灵敏度和跳跃性、批判性较之以往有很大提高。学生的思维活了，从而为他们创造能力的养成打下了良好的基础。

（四）注意引导调控

过去的启发式教学是以知识为中心的，教师使出浑身解数，暗示诱导学生说出某个正确的答案，而且这答案是唯一的，非此即彼的。这种教学方法在培养学生解决问题能力方面是卓有成效的，但这种教学方法对学生的个性尊重不够，潜意识里还是"学生不行""学生不如教师""学生不如标准答案"那一套。教改实验后，我一改提出问题、启发诱导、学生竞猜、教师再启发、学生猜对、最后教师总结归纳这一套路，让学生提出问题、鼓励学生思考、学生发散、教师引导思维方向、学生再发散、由学生选择答案、教师对学生的学习行为做鼓励性评价。这样一来，教师通过引导和调控，使整个学习过程中始终是学生做主角、自主学习、自由思考，从而极大地调动了学生主动学习的积极性和探究兴趣，使学生的学习状态保持活跃和热烈。

（五）注意宽容

在以前的课堂教学中，我对学生不乏真诚和热情，但由于自身性格倔强，又加上还有"师道尊严"的意识作祟，往往宽容度不够，听不进学生的反对意见，老觉得"对你好，你就得听我的""我的绝对没错"，常常在笑容可掬下包藏着专制的影子。教改实验后，我的观念一转变，课堂教学的面貌也就焕然一新。学生们不但可以与老师意见相左，可以反驳老师，而且可以保留自己的意见，申诉自己的理由，在尊敬老师的基础上批评老师。应该说，实验刚开始时自己很生气：辛辛苦苦地教你们，结果一个个造起反来了；随着改革的不断深入和自己心态的调整，学生批评艺术的日益改正，自己由很生气到有一些生气，到有一点儿生气，到不生气，直到宽容鼓励自己的学生平等真诚地评价教师，以得到学生批评为乐事。通过宽容，学生"不唯上，不唯书，只唯实"的学风日益浓厚，学生的发散思维能力和特立独行的思想品质逐渐形成。可以说，互相宽容使师生共同走向成熟，我们的胸怀像天空一样辽阔，像大地一样宽广。

二、挑战与思考

要真正做到把课堂还给学生，在实践中还有许多问题和困惑需要我们进一步去探究，主要有以下几点。

（一）教学时间长，教学速度慢，教学效率低

新基础教育改革好是好，但较之传统教学不经济。大多数情况下，新基础教育改革下的课堂教学所用时间要比传统教学长，慢大半节课。

（二）课堂教学秩序较乱

学生动起来是好事，但由于学生的年龄特点和教师课堂调控能力的不足，很多新基础教改的实验课上成了一锅粥，常常是众声喧哗，人声鼎沸，莫衷一是，各执一端，大有讨论会、联欢会、聊天会的趋势。

（三）"个性"了一小撮，"沉默"了大多数

培养学生个性，激发他们的生命活力无可厚非，但我们必须承认，有个性的和有创造力的学生从全体学生的角度来说，仍属于少数。常常是几个发言者谈锋机警，妙语连珠，个性和生命力得以最大限度地张扬，而大多数同学则沦为看客，或沉默不语，或左右观望，一节课下来没学到多少东西。

（四）知识不牢且难以成体系

学生的基础知识掌握不牢，知识体系不易在脑中形成，学生的学习个性变得浮躁、浅薄。能力不是空穴来风，更不是空中楼阁，它是建立在深厚广博的知识基础上的；个性也不是仅仅通过低层次的发挥而得以提升和张扬的，它需要强大的知识储备和文化熏染来作为依托，所以最简单的基础知识需要学生花时间反复记忆强化。一定要让学生懂得"学习需要长久蓄积的过程"。

人的身上之所以有着无穷大的潜力，主要是平时积累的缘故。有这样一个故事：在高原的上空，常常可以见到秃鹫在翱翔。秃鹫又叫坐山雕，也被人誉为"神鹰"，是高原上体格最大的猛禽。它们往往栖息在海拔2000～5000米的高山原上，体重达到7～11千克。秃鹫张开翅膀后，整个身体有两米多长，能长时间飞翔于空中。当它盘旋在湛蓝的天空时，它宽大有力的翅膀，似乎连太阳也能遮蔽，你甚至能听到它的双翅在空气中"哗啦，哗啦"扇动的声音。它一

旦发现猎物，便如利箭一般俯冲而下，褐色的羽毛在阳光下闪烁着金属般的光泽，像一道钢铁般的闪电。它甚至能捕杀草原上的野狼。有一次，一个猎人意外捕获一只秃鹫，他把秃鹫关进一个不到一平方米的围栏里。围栏的顶部完全敞开，从围栏里面可以仰视天空。秃鹫处于这样的围栏，怎么样也飞不起来，只能在围栏里徘徊，做无奈的囚徒。原来秃鹫虽然雄健有力，能翱翔万里，可它飞上高空之前，却需要一个助跑的过程。它要先在地面上奔跑三四米，然后才能飞起来。就是这短短的几米，决定了秃鹫是否能翱翔直上，成为一只勇猛的大鸟。而在这个狭小的围栏里，它没有助跑的距离，无法腾空而起。

学生学习又何尝不是如此？很多学生平时不注意积累基础知识，想高考一鸣惊人，然后名利双收地拥有一切，这样急功近利，不注重知识的积累，是难以起飞的。个人的成长、成熟、成功，其实是一个不断积累的循序渐进的过程，人的身上之所以有着无穷大的潜力，主要是平时积累的缘故。学习的过程就相当于助跑的过程，所以学生也该静心学习，最大限度提高课堂效率，为自己的生命助跑一次。老师应该最大限度地调动学生的主观能动性，老师该把课堂还给学生。

第五章
班主任领航与班级管理

05

在教育的广阔海洋中，班主任是那盏指引学生前行的明灯，是他们成长道路上的关键引路人。班级，作为学生学习和生活的温馨港湾，其文化的塑造和核心价值观的建立，都离不开班主任的精心耕耘。在这个充满活力的集体中，每一个学生都是独一无二的个体，他们的个性需求，是班主任需要细心关注和倾听的声音。而在立德树人的教育使命下，班主任更需肩负起构建大思政背景下的"三全育人"模式的重任。这不仅是一种教育理念的更新，更是对学生全面发展、终身发展的深远谋划。接下来，让我们一同走进这个充满智慧与爱的教育世界，感受班主任领航的力量，探寻班级管理的奥秘。

第一节　角色定位：学生成长的引路人

班主任在学生成长中发挥着至关重要的作用，他们不仅是知识的引导者、启蒙者，更是学生心理的支持者、学业的规划者、班级的管理者、家校之间的沟通者，以及通过自身言行影响学生的榜样示范者。他们的每一种角色都致力于帮助学生全面发展，从知识到情感，从学业到人生规划，班主任都悉心陪伴，用专业和爱心引领学生走向成熟，成为他们成长道路上的关键引路人。

一、引导者与启蒙者

班主任，作为学生在学校中的第一位导师，承载着引导与启蒙的重任。他们不仅是简单地传授知识，更是学生心灵的塑造者和思想的启蒙者。通过自身的丰富知识储备和深厚的教育经验，班主任为学生打开了一扇扇通向知识海洋的大门。

在学生初入学堂，对世界充满好奇与探索欲望的时候，班主任的角色显得尤为重要。他们用浅显易懂的语言解释复杂的概念，用生动有趣的实例激发学生对知识的渴望。班主任的课堂，不仅是传授知识的场所，更是启迪智慧、培养兴趣的摇篮。

除了课堂上的知识传授外，班主任更注重言传身教的力量。他们深知，自己的每一个举动、每一句话都可能成为学生模仿和学习的对象。因此，班主任时刻保持着良好的师德师风，用自己的行为为学生树立榜样。他们通过自己的言行，帮助学生树立正确的世界观、人生观和价值观，为学生的未来奠定坚实的基础。

在学生的启蒙阶段，班主任的影响是深远的。他们不仅教会学生如何学习，更教会学生如何做人。班主任的引导与启蒙，让学生在学习的道路上更加坚定，更加自信。他们的付出和努力，为学生的成长播下了希望的种子，这些种子在未来的岁月里将生根发芽，绽放出绚烂的花朵。

二、心理支持者与情感寄托

在学生成长的过程中，除了知识的传授外，心理健康和情感支持同样重要。班主任，作为学生最亲近的老师之一，扮演着心理支持者和情感寄托的角色。他们不仅关注学生的学业成绩，更关注学生的内心世界和情感需求。

学生在学习和生活中难免会遇到困难与挫折，这时班主任的关心和鼓励就显得尤为重要。班主任要善于观察学生的情绪变化，及时发现学生的心理问题。当学生遇到困惑、焦虑或失落时，班主任要主动与学生沟通，倾听他们的心声，给予他们必要的心理疏导和帮助。在班主任的关爱和支持下，学生能够勇敢地面对困难，走出阴霾，迎接阳光。

班主任也是学生情感的寄托。在校园生活中，学生可能会遇到各种人际关系问题、情感纠葛等，这些问题都需要一个值得信赖的人来倾诉和分享。班主任就是这样一个值得信赖的人。他们用自己的理解和支持，让学生感受到温暖和关怀。在班主任的陪伴下，学生能够更加积极地面对生活和学习，更加自信地走向未来。

班主任作为学生心理的支持者和情感的寄托者，他们的角色是不可或缺的。他们用专业知识和真诚关爱，为学生的心理健康和情感需求提供了坚实的保障。在学生的成长道路上，班主任的陪伴和支持是他们勇往直前的动力源泉。

三、规划者与指导者

在学生的求学旅程中，班主任不仅是日常的教导者，更是学生学业和未来职业规划的重要指导者。他们深知每个学生的成长轨迹都是独一无二的，因此，根据学生的个性、兴趣和天赋来为他们量身打造学习与职业发展的规划，就显得尤为重要。

为了制定这些规划，班主任首先会深入了解每个学生的特点。班主任会与学生进行一对一的交流，倾听他们的梦想和追求，了解他们的优势和短板。在此基础上，班主任会帮助学生制订合理的学习计划，确保每个学生都能够在自己的节奏中稳步前进，既不过于紧张，也不至于松懈。

班主任也会着眼于学生的长远发展，为他们提供职业规划的建议。他们知道，随着社会的发展和变革，选择一个适合自己的职业方向至关重要。因此，班主任会引导学生去发现自己的潜能和兴趣点，让他们了解自己的优势在哪里，适合从事哪些职业。这样，当学生走出校园、踏入社会时，他们会更加明确自己的方向，更加自信地追求自己的梦想。

在这个过程中，班主任始终关注学生的个性差异，尊重他们的选择。他们不会强迫学生走某条特定的道路，而是提供多种可能性，让学生自己做出决定。开放和包容的态度，让学生在规划自己的未来时感受到了自由和尊重，也更加珍惜和信任班主任的建议与指导。

班主任还会时刻关注学生的学习和职业发展情况，及时给予反馈和调整建议。他们知道，规划不是一成不变的，而是需要随着时间和环境的变化进行调整。因此，班主任会与学生保持密切的联系，确保他们的学习和职业规划始终保持在正确的轨道上。

四、组织者与管理者

作为班级的管理者，班主任的角色远超过教师的身份，他们更像是一个大家庭的家长，时刻关心着每一个成员的成长与进步。为了确保学生的学习和生活有序进行，班主任需要精心制定班级规章制度，这些制度不仅是为了维护班级的纪律，更是为了培养学生的自律意识和责任感。

在日常管理中，班主任不仅要确保规章制度的执行，更要善于协调各方资源，为班级创造良好的学习环境。他们需要与学校的各个部门密切合作，确保班级能够得到足够的教学资源和支持。他们还会积极与其他班级和社团建立联系，为学生提供更多的交流和展示机会。

除了日常的教学管理外，班主任还会积极组织各种班级活动。这些活动不仅能够增强学生的团队协作意识和集体荣誉感，更是为了让学生在实践中学习，在快乐中成长。通过这些活动，班主任可以更好地了解学生的需求和想法，进而为他们提供更贴心的服务和指导。无论是学习上的困惑还是生活上的烦恼，班主任都会耐心倾听，尽力解决。

班主任的组织与管理能力，不仅影响着班级的整体氛围和学习效率，更关乎每一个学生的成长和发展。他们用自己的智慧和热情，为学生营造了一个温馨、和谐、有序的学习环境，让学生在这里不仅能够学到知识，更能够学会做人、学会生活。他们的付出和努力，为学生的全面发展提供了坚实的保障。

五、沟通者与协调者

在学生的成长过程中，班主任不仅是教育者，还是沟通者与协调者。他们搭建起学生、家长和学校之间的桥梁，确保信息的顺畅交流，共同促进学生的全面发展。

首先，班主任是学生与家长之间的重要沟通者。他们定期与家长进行交流，及时向家长反馈学生在学校的学习情况、生活状态以及情绪变化。这种沟通不仅让家长更加了解自己的孩子在学校中的表现，还能帮助家长更好地配合学校的教育工作。班主任也倾听家长的建议和意见，将这些声音融入教育教学中，从而提升教育质量，满足学生和家长的需求。

班主任还是学生与学校其他部门之间的协调者。他们与学校领导、任课老师、教务处、学生处等部门保持密切联系，为学生争取更多的学习资源和支持。例如，当学生需要特殊的辅导或资源时，班主任会积极协调相关部门，确保学生能够得到及时的帮助。

在这个过程中，班主任的沟通能力和协调能力显得尤为重要。他们需要具备良好的语言表达能力和人际交往能力，才能确保信息的准确传递和问题的有效解决。班主任还需要具备敏锐的观察力和判断力，及时发现并解决沟通中的障碍和问题。

为了更好地扮演沟通者与协调者的角色，班主任还需要不断学习和提升自己的专业素养。他们通过参加培训、阅读相关书籍、与同行交流等方式，不断提高自己的沟通能力和协调能力。这样，他们才能更好地在学生、家长和学校之间搭建起一座畅通的桥梁，促进学生的健康成长和全面发展。

六、榜样与示范者

班主任在学生心中，不仅是一位老师，更是一个活生生的榜样和示范者。他们的每一句话、每一个动作，都可能成为学生模仿和学习的对象。因此，班主任在学生面前展现的形象，对学生的成长有着深远的影响。

作为榜样和示范者，班主任首先要做到言行一致。他们不仅要在课堂上传授知识，更要在日常生活中践行自己所教授的道理和价值观。例如，班主任在课堂上强调诚实、尊重和努力的重要性，那么他们在日常行为中也应该体现出这些品质。当学生看到班主任以身作则，他们更有可能受到感染，从而将这些价值观内化为自己的行为准则。

除了言行一致外，班主任还应该具备积极向上的生活态度和严谨的工作作风。他们要以饱满的热情投入教育工作中，关心每一个学生，尽自己最大的努力帮助学生解决问题。班主任还要不断学习和进步，提升自己的专业素养和教育能力。

作为榜样和示范者，班主任的影响力是不可估量的。他们的言行举止，可能会改变学生的人生观、价值观，甚至影响他们的一生。因此，班主任要时刻牢记自己的责任与使命，做到言传身教、以身作则，为学生树立一个积极向上的榜样。这样，他们才能真正成为学生成长道路上的引路人，引领学生走向更加美好的未来。

第二节　班级文化：塑造核心价值观

在班级文化的建设中，班主任以匠心独运的手法，从物质环境的美化到精神风貌的塑造，再到规章制度的完善，全方位、多角度地推动班级文化的蓬勃发展。他们不仅致力于打造整洁美观、富有教育意义的班级环境，更在潜移默化中引导学生形成积极向上的班风、严谨求实的学风和诚信自律的考风，同时通过建立科学合理的班级制度，规范学生行为，维护班级秩序。在班主任的精心培育下，班级文化如春风化雨般滋润着每个学生的心田，助力他们茁壮成长，共同绘就一幅和谐、奋进、诚信、自律的美丽画卷，彰显出班级独特的核心价值观。

一、物质（环境）文化的建设

物质文化，常被称为班级环境文化，它不仅是四面墙和一些桌椅的简单组合，更是一个能够直观展现班级精神面貌和文化底蕴的重要平台。当我们走进一个班级时，首先映入眼帘的便是这个班级的物质环境，它如同班级的名片，给人留下第一印象。

在班级环境文化的建设中，班主任的作用举足轻重。一个整洁、美观、富有教育意义的班级环境，不仅为学生营造了舒适、宁静的学习氛围，更能在日复一日的潜移默化中，陶冶学生的情操，培养他们的审美情趣和文化素养。

教室的布置是物质文化建设的重头戏，这不仅是简单的装饰，更是一种教育理念的体现。墙壁上悬挂的名人名言，不仅是为了美观，更是为了激发学生的求知欲，让他们在每次抬头仰望时，都能感受到智慧的火花和伟人的力量。而学生作品的展示，则是对他们创造力和才华的肯定，同时也是一种鼓励和激励，让他们在未来的学习和生活中更加自信、自强。

　　班主任在这一过程中，不仅要扮演设计者和指导者的角色，更要引导学生们共同参与。让学生们亲手布置自己的学习环境，不仅能培养他们的实践能力和团队合作精神，更能让他们在每一次的动手实践中，感受到美的熏陶和艺术的魅力。

　　班主任还应将关注的目光投向学生的学习用品和穿着打扮，学习用品的选择和使用，不仅关系到学生的学习效率，更能在一定程度上反映他们的学习态度和价值观。因此，班主任可以倡导学生使用简洁实用的学习用品，避免过度的奢华和浪费，从而培养他们的节俭意识和环保意识。

　　同样，学生的穿着打扮也是班级物质文化的一部分，穿着大方得体，不仅是对自己的尊重，更是对他人的尊重。班主任可以通过日常的引导和教育，让学生们明白穿着打扮的重要性，从而培养他们的审美观念和礼仪意识。

二、精神文化的建设

　　精神文化，作为班级文化的灵魂，是塑造班级特色、培养学生品质的关键所在。它包括班风、学风和考风等多个方面，每一个方面都对学生的健康成长产生深远影响。

　　班风，是班级成员在长期共同学习、生活中形成的一种特有的精神风貌和行为习惯。积极向上的班风，能够激励学生不断进步，促进他们的全面发展。在班风建设中，班主任的作用至关重要。班主任应通过日常的教育和引导，培养学生团结友爱、互帮互助的精神。这不仅是一种道德要求，更是一种人文关怀。在一个团结友爱的班级中，每个学生都能感受到温暖和关怀，从而更加积极地投入学习和生活中去。班主任还应鼓励学生积极参与班级活动，增强他们的集体荣誉感和归属感。班级活动不仅是学生们展示才华、锻炼能力的平台，更是他们增进友谊、培养合作精神的重要途径。通过参与班级活动，学生们能够更加深入地了解彼此，形成更加紧密的团队联系。

　　学风，是学生在学习过程中形成的一种学习态度和方法。严谨求实的学风，能够帮助学生养成良好的学习习惯，提高他们的学习效率。在学风建设中，班主任应引导学生树立正确的学习观念，明确学习目标。学习不仅是为了应付考试，更是为了积累知识、提升能力。班主任可以通过开展主题班会、学习经验交流会等活动，让学生们更加明确自己的学习方向和目标。班主任还应培养学生刻苦钻研、勤奋好学的精神。学习是一个长期的过程，需要学生们付出持续的努力和坚持。班主任可以通过表彰优秀学生、分享学习心得等方式，激励其他学生向他们看齐，形成良好的学习氛围。

考风，是学生在考试中表现出的诚信自律的品质。诚信自律的考风，能够保障考试的公平公正，维护学生的切身利益。在考风建设中，班主任应加强对学生的诚信教育。诚信是一个人最基本的道德品质，也是社会文明进步的基石。班主任可以通过开展诚信教育主题活动、签订诚信承诺书等方式，让学生们认识到诚信的重要性，培养他们的诚信意识。班主任还应严格监考制度，确保考试的公平公正。监考不仅是对学生考试行为的监督，更是对他们诚信品质的考验。班主任应严格遵守监考规定，确保每一场考试都在公平公正的环境下进行，从而培养学生的诚信意识和自律精神。

三、制度文化的建设

制度文化，作为班级文化的坚实后盾，为整个班集体的有序运转提供了有力的保障。它涵盖了班级的规章制度、管理机制等诸多层面，旨在规范学生的日常行为，确保班级活动的有序进行，进而促进学生的全面和谐发展。

在制度文化的建设中，班主任的引领作用不容忽视。班主任不仅是规章制度的制定者，更是执行者和监督者。一个健全完善的制度文化，离不开班主任的精心设计和全体学生的共同参与。

班主任应引导学生共同制定班级规章制度，在这一过程中，学生不仅是规章制度的遵守者，更是制定者。通过让学生参与到规章制度的制定中来，不仅能提升他们的主人翁意识，还能确保规章制度的合理性和可行性。在制定规章制度时，应明确学生的权利和义务，让学生明白自己在班级中的角色和责任。

为了确保规章制度的顺利实施，班主任还应建立健全班级管理机制。这包括设立班委会、学习小组等组织机构，让学生积极参与到班级管理中来。通过参与班级管理，学生能更好地理解规章制度的重要性，同时培养他们的自我管理能力和责任感。在这一过程中，班主任应给予学生足够的信任和支持，让他们在实践中不断成长。

在执行规章制度时，班主任应秉持公平公正的原则，做到赏罚分明。对于学生表现出的优点和进步，班主任应及时给予表扬和奖励，以激发学生的积极性和自信心。对于学生违反规章制度的行为，班主任也应及时进行批评和教育，引导他们认识到自己的错误并加以改正。

除了上述方面，班主任还应注重培养学生的法治意识。在班级中普及法律知识，让学生了解国家法律法规和校纪校规，从而增强他们的法治观念和自律意识。通过法治教育，学生可以更好地理解和遵守班级的规章制度，为班级的和谐稳定贡献力量。

班主任还应定期组织学生对班级规章制度进行反思和修订，随着社会的发展和学生成长的变化，原有的规章制度可能已不适应当前的需求。因此，班主任应引导学生对规章制度进行定期的审视和调整，确保其始终与时俱进、符合学生的实际需求。

在制度文化的建设中，班主任还应注重培养学生的团队合作精神和集体荣誉感。通过组织各种班级活动，如运动会、文艺比赛等，让学生在实践中学会合作与分享，增强他们的集体荣誉感。这样不仅能提升学生的团队协作能力，还能促进班级整体氛围的和谐融洽。

在制定和执行规章制度时，应充分考虑学生的心理需求和承受能力，避免过于严苛的管理给学生带来心理压力。班主任还应定期开展心理健康教育活动，帮助学生排解心理困惑、增强心理韧性。

第三节　个性关怀：关注学生个性需求

在班主任的班级管理中，个性关怀是核心，它要求班主任以平等尊重为基石，认可并欣赏每一位学生的多元才能，通过深入的个别谈话洞察学生内心，精心建立个性档案以精准施策，巨用单独指导与激励助学生攻坚克难，最终与学生建立起真挚的师生友谊，共同绘制出色彩斑斓的成长画卷。这一过程，不仅彰显了教育的人文关怀，更是对学生全面发展、个性化成长的深情呵护，班主任以细腻之心，倾听生命拔节的声音；以智慧之眼，引领学生在青春的征途上勇往直前，绽放出属于他们自己的光芒。

一、平等尊重

平等尊重，这一理念在班主任的班级管理中占据着举足轻重的地位。它是实施个性关怀的坚实基础，也是构建和谐师生关系的关键所在。

在教育的世界里，每一个学生都是独一无二的个体，他们或许在学业上有所差异，或许在性格上各具特色，但无论如何，他们都应得到同等的尊重和关注。尊重并非仅仅停留在口头上，而是需要班主任在日常教学和管理中切实地去践行。

为了实现真正的平等尊重，班主任要公正评价学生。在传统教育观念中，学生成绩往往被视为衡量其优劣的唯一标准。然而，单一的评价方式不仅忽视了学生的全面发展，也可能导致一部分学生因为成绩不佳而受到冷落和歧视。因此，班主任必须摒弃这种偏见，从多个角度综合考量学生的表现。除了学业成绩外，学生的品德、才能和潜力等方面也应纳入评价体系之中。这样一来，每个学生都能在班主任的眼中找到属于自己的闪光点，从而得到应有的尊重和认可。

课堂是学生学习和成长的主阵地，但课堂之外的世界同样广阔而精彩。无论是文艺比赛、体育竞技还是社会实践，都是学生展示自己才能和锻炼能力的绝佳平台。班主任要鼓励学生积极参与这些活动，并为他们提供必要的支持和帮助。在这个过程中，每个学生都有机会站在舞台的中央，用自己的实力和才华去征服观众、赢得掌声。均等的机会不仅让学生感受到了公平的待遇，也激发了他们积极向上的动力。

班级是一个小社会，每个学生都是这个社会中的一员。他们有自己的想法和见解，也渴望在班级事务中发挥自己的作用。因此，班主任要鼓励学生积极参与班级事务的讨论和决策过程，让他们感受到自己的价值和重要性。当学生的意见被采纳、建议被实施时，他们会更加珍惜这个集体，也更加愿意为集体的荣誉和利益去努力。

在平等尊重的氛围中，每个学生都能找到属于自己的位置和价值。他们不再是被动的接受者，而是成为班级建设的主人翁。

二、认可多元

在教育的广阔天地中，认可多元显得尤为重要。每个学生都是独一无二的个体，他们拥有不同的才能、兴趣和潜力。作为班主任，我们要深刻认识到这种多元性，并尊重和认可每个学生的独特之处。

认可多元，意味着我们要摒弃传统的"一刀切"教育模式。在这种模式下，学生往往被要求按照统一的标准去学习和发展，这无疑是对他们个性和才能的极大束缚。相反，我们应该根据每个学生的特点和需求，为他们量身定制合适的教育方案。对于喜欢艺术的学生，我们可以鼓励他们参加学校的文艺比赛或画展，让他们在创作的道路上尽情驰骋；对于热爱科学的学生，我们可以引导他们参加科技竞赛或科学实验室的活动，让他们在探索的海洋中遨游。

每个学生都应该被允许展示自己的不同，追求自己的梦想。我们要鼓励学生敢于尝试、敢于创新，即使失败了也要给予他们足够的支持和鼓励。在这种氛围中，学生会更加自信、自立和自强，他们的个性和才能也会得到充分的发挥和展现。

通过认可多元，我们可以帮助学生更好地认识自己、发掘自己的潜力。每个学生都有自己的优点和不足，而认可多元正是让他们看到自己的闪光点、弥补自己的不足的重要途径。在这个过程中，学生会逐渐明确自己的目标和方向，也会更加努力地去追求梦想。

当然，认可多元并不意味着放任自流，作为班主任，我们仍然要对学生的成长和发展负责。我们要密切关注学生的动态，及时发现问题并给予指导和帮助。我们还要与家长保持密切的联系和沟通，共同为学生的成长保驾护航。

在认可多元的教育理念下，每个学生都能找到属于自己的舞台和天空。他们会在这片广阔的天地里自由翱翔、尽情绽放，成为独一无二、光彩夺目的个体。

三、个别谈话

个别谈话，这一看似简单的教育方式，在班主任的工作中却扮演着举足轻重的角色。它不仅是实施个性关怀的重要手段，更是搭建师生心灵桥梁的关键环节。

每当与学生进行一对一的交流时，我都能深刻感受到他们内心的世界是如此丰富多彩，又是如此脆弱敏感。学生都有自己独特的故事和情感，他们渴望被理解，期待被关怀。因此，在个别谈话中，我始终秉持着耐心倾听、真诚关心的原则，努力让学生感受到温暖和支持。

在谈话过程中，我时常发现学生在学习或生活中遇到的种种问题。有时是学业上的压力让他们喘不过气，有时是人际关系的纠葛让他们心烦意乱。面对这些困惑和挑战，学生往往需要一个倾诉的对象，一个能够给予他们指导和建议的人。而我，作为他们的班主任，正是扮演了这样的角色。

记得有一次，一位平时表现优秀的学生突然成绩下滑，我主动找他谈话。在耐心的倾听中，我了解到他最近因为家庭变故导致心神不宁。于是，我给予了他充分的关怀和支持，同时提供了一些建议，帮助他调整心态、走出困境。不久后，他的成绩便恢复了往日的水平，更重要的是，他重新找回了自信和笑容。

除了解决学生当前遇到的问题外，个别谈话还是帮助学生规划未来学习和生活的重要途径。根据学生的个性特点和兴趣爱好，我会为他们量身定制合适的发展方案。对于热爱文学的学生，我会鼓励他们坚持写作、参加文学社团；对于擅长理科的学生，我会建议他们深入钻研、参加科学竞赛。这些针对性的建议和指导，旨在帮助学生更好地认识自己、发掘潜力，实现个性化发展。

个别谈话的力量是无穷的，它让我与学生之间建立了深厚的情感纽带。每一次真诚的交流，都让我更加了解学生，也更加坚定了我作为班主任的使命和责任。我相信，在未来的教育道路上，个别谈话将继续发挥其独特的作用，助力学生健康成长。

四、个性档案

在教育的道路上，我们深知每个学生都是独一无二的个体，他们有着不同的性格、兴趣、才能和成长背景。为了更好地了解和服务学生，建立个性档案成为我作为班主任关注学生个性需求的有效途径。

个性档案不仅是一份记录，更是一份对学生全面发展的关怀与承诺。通过收集学生的基本信息、学习情况、兴趣爱好、特长才能等多方面的资料，我为学生们建立了一份份详尽而独特的个性档案。这些档案不仅帮助我更全面地了解学生，更为我后续的个性关怀提供了有力的支持。

在建立个性档案的过程中，我始终注重保护学生的隐私，确保档案内容的安全性和保密性。我也定期更新档案内容，以真实反映学生的最新发展动态和成长轨迹。

这些个性档案就像是一本本生动的故事书，记录着学生们的成长与变化。每当翻阅这些档案时，我都能深刻感受到学生们的个性和需求是如此多样而丰富。有的学生热爱科学，对未知的世界充满好奇；有的学生钟情于艺术，用画笔和音符表达内心的情感；还有的学生热衷于社会实践，致力于服务他人和社会。这些独特的个性和兴趣，正是他们未来发展的宝贵财富。

借助个性档案，我能够更加精准地满足学生的个性需求。对于热爱科学的学生，我会提供更多的科学实验和探索机会；对于钟情于艺术的学生，我会鼓励他们参加各类艺术比赛和展览；对于热衷于社会实践的学生，我会帮助他们联系相关的志愿服务项目。这些针对性的关怀和支持，旨在让每一位学生都能在适合自己的领域里绽放光彩。

通过建立个性档案，我与学生之间的距离也更近了。每当与学生交流时，我都能根据他们的档案内容提出更加贴切的建议和指导。个性化的教育方式不仅让学生感受到了被关注和被理解，也激发了他们积极向上的动力。

五、单独指导激励

单独指导激励，作为班主任实施个性关怀的重要手段，其核心在于针对学生的个体差异，提供具体、有针对性的指导和激励。每个学生都是独一无二的，他们在学习或生活中遇到的问题也各不相同。因此，作为班主任，我需要通过单独指导激励，帮助他们克服难题，实现个性化成长。

对于学习困难的学生，我会给予额外的学习辅导。我会深入了解他们的学习障碍，是知识理解不足、学习方法不当，还是学习态度问题。根据具体情况，我会制订个性化的学习计划，提供一对一的辅导，帮助他们逐步攻克学习难题。我也会关注他们的学习情绪，及时给予鼓励和肯定，让他们在学习中找到成就感，从而激发学习兴趣。

面对缺乏自信的学生，我会通过鼓励和肯定来增强他们的自信心。我会关注他们的优点和进步，及时给予正面的反馈和评价。我也会为他们提供展示自我的平台，让他们在实践中锻炼自己，提升自信心。我相信，每个学生都有自己的闪光点，只要用心发掘，就能找到他们的独特之处。

在单独指导激励中，我始终遵循因材施教、循序渐进的原则。每个学生的成长节奏都是不同的，我不能急于求成，而是要耐心引导，逐步推进。我会根据学生的实际情况，灵活调整指导策略，确保指导的有效性和针对性。我也会关注学生的进步和变化，及时给予肯定和鼓励，让他们在不断成长中找到自己的价值。

通过单独指导激励，我帮助学生克服了许多困难和挑战。他们不仅在学业上取得了显著的进步，更在自我认知和情感态度上得到了提升。每个学生都有无限的潜力，只要用心去发掘和引导，他们就能实现自我突破和成长。

六、师生友谊

在教育的旅途中，师生之间的友谊是一种珍贵的情感纽带。它不仅是一种简单的关系，更是一座深入学生内心世界、了解他们真实需求和感受的桥梁。作为班主任，我深知与学生建立深厚友谊的重要性，因为这有助于我更全面地实施个性关怀。

为了与学生建立真挚的友谊，我始终保持着对他们的主动关心。无论是学习上的困惑还是生活中的烦恼，我都愿意倾听他们的诉说，给予他们必要的支持和帮助。关爱和关注让学生感受到了我的温暖与善意，从而逐渐打开心扉，与我分享更多他们的想法和感受。

除了关心学生的生活和学习情况外，我还积极参与他们的课外活动或集体活动。这不仅让我有机会与学生共度欢乐时光，还让我更深入地了解他们的兴趣爱好和个性特点。在活动中，我会与学生一起分享快乐，一起面对挑战，这种亲密无间的互动让我们之间的友谊更加深厚。

我始终尊重学生的意见和建议，在班级事务的讨论和决策过程中，我会鼓励他们积极参与，发表自己的看法。这种尊重让学生感受到了自己的价值和重要性，也增强了他们对班级的归属感和责任感。在这种民主、平等的氛围中，我们共同为班级的发展出谋划策，携手前行。

通过这些努力，我与学生之间建立起了真挚的友谊关系。这种友谊不仅让我更深入地了解学生的需求和感受，还为我实施个性关怀提供了有力的支持。在友谊的滋养下，我们一起成长，一起进步，共同书写着属于我们的精彩篇章。

在未来的日子里，我将继续珍惜与学生之间的这份深厚友谊，用心去关怀每一个学生，让他们在温暖的集体中茁壮成长。我相信，在友谊的力量下，我们将共同创造更多美好的回忆和成功的篇章。

第四节 立德树人：构建大思政背景下的"三全育人"

在大思政背景下，班主任应注重立德树人，积极构建"三全育人"的教育模式，即全员参与、全程关注、全方位培养，以形成教育合力，贯穿学生教育始终，并促进学生的全面发展。通过整合各方资源、关注每个学习阶段、提供丰富的教育资源和活动平台，班主任能够更有效地培养出德智体美劳全面发展的社会主义建设者和接班人，为实现中华民族伟大复兴贡献教育力量。

一、全员育人：形成教育合力

全员育人，这是一种深入人心的教育理念，它强调每一个教育者在学生成长道路上的重要性。在这一理念下，不仅教师群体肩负着育人的重任，学校的管理人员、服务人员，乃至学生家长，都是这一伟大使命的参与者。作为班主任，更应该在这一理念中发挥核心作用，巧妙地协调各方资源，共同为学生的成长贡献力量。

班主任与任课老师的合作是至关重要的，任课老师在课堂上传授知识，但他们的角色远不止于此。他们还是德育的重要实施者。在每一堂课中，任课老师都有机会向学生传达正确的世界观、人生观和价值观。而班主任，则需要与任课老师紧密合作，了解他们在课堂上的教学内容和方法，以便更好地配合和支持。这样，不仅可以确保学生在知识上得到全面的教育，还可以在德育方面得到充分的熏陶。这种合作不仅体现在教学内容的协调和沟通上，更体现在对学生个体的共同关注上。每个学生都是独一无二的，他们有不同的学习方式和成长节奏。班主任和任课老师需要共同关注每一个学生的学习和发展，根据他们的特点和需求提供个性化的教育支持。例如，对于学习基础薄弱的学生，班主任可以与任课老师协商制订针对性的辅导计划；对于有特殊才能或兴趣的学生，则可以共同为他们提供更多的发展机会和资源。

班主任与学校管理人员和服务人员的合作也是不可或缺的，学校是一个复杂的系统，各个部门之间需要紧密配合才能确保教育的顺利进行。管理人员负责制定和执行学校的教育方针与政策，而服务人员则负责提供后勤保障和优质服务。班主任要与他们保持良好沟通，确保学校的各项政策和措施能够得到有效执行，同时为学生提供一个安全、舒适、有序的学习环境。服务人员在学生日常生活中也扮演着重要角色，他们的工作态度和服务质量直接影响着学生的校园生活质量。班主任要与服务人员建立良好的合作关系，共同关注学生的日常需求和问题，及时解决学生在校园生活中遇到的困难和挑战。这样不仅可以提高学生的满意度和归属感，还可以培养学生的生活自理能力和社交技能。

同样重要的是，班主任要积极与家长沟通合作。家长是学生的第一任教育者，他们对学生的成长有着深远的影响。然而，在现实生活中，很多家长由于缺乏专业的教育知识和方法，往往在教育孩子时感到力不从心。这时，班主任就需要发挥自己的专业优势，为家长提供必要的指导和支持。班主任可以通过家长会、家访等形式与家长进行面对面的交流，了解学生在家庭中的表现和需求，同时也向家长反馈学生在学校的学习和生活情况。这样不仅可以增强家校之间的联系和信任，还可以帮助家长更好地理解和支持孩子的学习与发展。班主任还可以利用现代科技手段如家长微信群等方式，定期与家长分享教育资讯和方法，提高家长的教育水平和参与度。除了与家长保持密切沟通外，班主任还可以邀请家长参与到学校的教育活动中来。例如组织亲子运动会、文艺会演等活动，让家长和学生一起参与准备和表演过程，增进亲子关系和家校合作，如此不仅可以丰富学生的课余生活，还可以提高家长的参与度和满意度。

二、全程育人：贯穿教育始终

全程育人，即将教育的理念和行动渗透到学生学习的每一个阶段，确保他们从入学到毕业的每一个环节都能得到全面的关注和引导。作为班主任，这不仅是一份责任，更是一份对学生的深沉关爱。

在入学阶段，新生们面临着从原本环境到新环境的转变，心中难免会有种种疑惑和不安。班主任在这一时期的作用尤为关键。首先，班主任要帮助学生尽快熟悉和适应学校生活。这包括介绍学校的各项规章制度、学习资源、课外活动等，让学生对自己即将开始的学习生活有一个全面的了解。班主任还要明确学习目标，引导学生树立正确的学习态度，为未来的学习生活打下坚实的基础。

除了物质层面的帮助外，班主任还要关注学生的心理健康。新环境带来的压力、与家人的分离、对未来的不确定等都可能对学生的心理产生影响。因此，班主任要细心观察学生的情绪变化，及时发现并解决问题。可以通过组织一些轻松愉快的团队活动，帮助学生放松心情，缓解压力，同时增进彼此之间的了解和友谊。

在学习过程中，班主任的角色更加多元化。他们不仅是知识的传授者，更是学生成长的引路人。班主任要定期了解学生的学习情况，包括学习进度、学习成绩、学习态度等，以便及时发现问题并给予指导。针对学生的学习特点和兴趣爱好，班主任要提供个性化的学习建议和资源支持，帮助学生找到最适合自己的学习方法，激发他们的学习兴趣和动力。

品德教育也是班主任不可忽视的一部分。通过班级活动和社会实践等形式，班主任可以培养学生的团队协作精神和社会责任感。例如，组织一些志愿者活动或社会调研项目，让学生在实践中体验团队合作的力量和为社会做贡献的喜悦。这样不仅可以锻炼学生的实践能力，还可以培养他们的道德情操和公民意识。

在毕业阶段，班主任要帮助学生做好职业规划，明确未来发展方向。这一时期的学生往往对未来充满迷茫和期待，班主任要引导他们正确认识自己的优势和劣势，了解社会的需求和趋势，从而做出明智的职业选择。班主任还要关注学生的心理健康和情感需求。毕业不仅意味着结束，更意味着新的开始。面对未知的未来，学生可能会感到焦虑、不安或失落。班主任要通过谈心、咨询等方式帮助学生排解心理压力，鼓励他们勇敢面对未来的挑战。

除了上述的入学、学习和毕业阶段外，班主任在全程育人中还需要注意一些关键的细节。例如，定期与学生进行一对一的沟通，了解他们的学习和生活情况，给予及时的关心和支持。班主任还要与其他教师、学校管理人员和家长保持密切的联系，共同关注学生的发展，形成教育的合力。

全程育人不仅是一种教育理念，更是一种实践行动。它需要班主任在每一个教育环节都付出真心和努力，用自己的专业知识和人格魅力去影响与激励学生。只有这样，我们才能真正培养出德智体美劳全面发展的优秀人才，为社会的发展做出积极的贡献。

三、全方位育人：促进全面发展

全方位育人意味着我们不仅要关注学生的知识水平，还要致力于他们的能力培养和素质提升。这种全方位的教育模式，旨在确保学生能在知识、能力和素质等各个方面都得到均衡而全面的发展。作为班主任，我们应当提供丰富多彩的教育资源和活动平台，以满足学生多样化的发展需求。

在知识传授方面，班主任的首要任务是引导学生掌握扎实的基础知识和专业技能。知识是学生未来发展的基石，无论是在学术领域还是在职业生涯中，都离不开坚实的知识储备。因此，班主任要与任课老师紧密合作，确保学生能够全面、系统地掌握所学内容。这包括对各科知识点的深入理解，以及将知识应用于实际问题的能力。

为了鼓励学生拓展知识面，广泛涉猎不同领域的知识，班主任可以定期推荐阅读书目，引导学生阅读经典著作，拓宽视野，还可以利用课余时间组织知识竞赛或讲座，激发学生对知识的兴趣和求知欲。

在能力培养方面，班主任需要着重培养学生的创新思维和实践能力。当今社会，创新能力已经成为衡量人才的重要标准。因此，班主任要通过组织各种实践活动和创新竞赛，激发学生的创造力和探索精神。例如，可以开展科技制作、社会调研等项目，让学生在实践中发现问题、解决问题，从而培养他们的创新思维和实践能力。

沟通能力和团队协作精神也是学生未来职业发展中不可或缺的能力。班主任可以通过组织小组讨论、角色扮演等活动，培养学生的沟通技巧和团队合作能力。这些活动不仅能帮助学生更好地适应未来职场的需求，还能增强他们的自信心和归属感。

在素质教育方面，班主任更要通过言传身教、潜移默化的方式培养学生的道德品质、审美情趣和人文素养。言传身教的力量是无穷的，班主任要以身作则，成为学生的楷模。通过开展各种文化活动和社会实践，如艺术节、志愿服务等，让学生在实际行动中感受美、创造美，提升他们的审美情趣和人文素养。

社会责任感也是素质教育的重要组成部分。班主任要引导学生关注社会问题，培养他们的公民意识和法律意识。可以通过组织环保活动、慈善募捐等公益项目，让学生在参与中体验社会责任的重要性，从而培养他们的社会责任感和奉献精神。

为了更有效地实现全方位育人，班主任还需要不断地学习和提升自己的专业素养。这包括了解最新的教育理念、掌握多样的教育方法和手段，以及具备良好的沟通能力和组织协调能力。只有这样，班主任才能更好地扮演学生全面发展的引路人和支持者的角色。

附：

春风化雨育桃李　润物无声酿芬芳

——谈谈如何当好班主任

教育是民族振兴和社会进步的基石，教书育人是教师的神圣职责和使命。国无德不兴，人无德不立。习近平总书记一贯高度重视培养社会主义建设者和接班人，把立德树人作为教育的中心环节，他寄语全国广大教师和教育工作者："希望广大教师不忘立德树人初心，牢记为党育人、为国育才使命，积极探索新时代教育教学方法，不断提升教书育人本领，为培养德智体美劳全面发展的社会主义建设者和接班人作出新的更大贡献。"多年来，广大教育工作者积极践行习近平总书记的指示精神，教育工作不断取得长足的进步，班主任工作任重道远。

我从事班主任工作已有十多年，有幸被评为深圳市第三批名班主任工作室主持人，现结合自己当班主任的实践经验，谈谈做好班主任工作的几点感悟。

一、爱的教育

爱国是时代的主旋律，从小培养孩子"大爱"意识是教育的底色。爱国与爱党、爱人民是结合在一起的。在"爱"中创造生活，创造幸福，创造未来。我紧扣时代脉搏，培养学生"大爱"意识。2021年我所带的高三（2）班，全班三分之一同学报考了医学专业，他们明知当医生的辛苦和危险，但是，他们能够主动选择医学专业救死扶伤，这是很有大爱精神的。爱是什么？每个人都有不同的答案。但感受爱、表达爱的能力理应是学生自我成长过程中必修的能力，这一点是无可置疑的。作为老师和家长都应该重视这部分能力的培养，这是学生今后是否能获得幸福的重要依傍和必由之路。帮助学生正确感受爱，从行动开始，学会表达爱，爱父母爱老师，不应该只停留在口号中，而是确确实实教会学生从生活中一点一滴的小事中去表达爱，学会"爱"他人，习得爱的能力。每到教师节，毕业的同学们会主动给我送来鲜花和感谢信，甚至有同学收集我的照片做成挂历送给我。学校教育不仅培养学生的学习能力，而且培养学生爱的能力和感恩意识。如何表达爱，感受爱，诠释爱，"爱"是教育的永恒主题。只有家校共育培养学生爱的能力，才能使其内心充盈。爱自己、爱父母、爱亲友、爱人类、爱一切生命，有爱伴成长，方能达成适应终身发展和社会发展需要的必备品格——"仁爱"。

二、以"诚信银行"为抓手，培养规则意识

在班级管理中，我使用"诚信银行"系统实现学生的自主管理。诚信银行储存和支取的是学生的常规分数，老师协助班干部制定加分和扣分细则，由班干部每天登记诚信银行数据，每周汇总一次，期末汇总作为评优的依据。建立"诚信银行"系统，是在班主任指导下，将学生转化为管理主体，从而有效地培养他们的规则意识。

三、围绕班级建设，组织家委活动以辅助教学

在班级建设中，充分发挥家委会的作用非常重要。我组织家委和任课教师开展恳谈会，深入沟通，以期协同解决教育中的问题。在以往的教育工作中，让我感触最深的一件事是，一名女同学与其母亲产生了矛盾，通过我的教育，她当场交给母亲一封信，她的母亲看了信之后，眼中闪着泪花，然后母女冰释前嫌，紧紧地拥抱在一起，班级顿时响起了雷鸣般的掌声。家委会深入学校班级，成为学校教育必要的有益补充，效果很好。

四、基于真实问题的解决，组织家长、老师和学生共建沙龙

2017年，我所带高二（3）班即将升入高三之时，全体师生和家长在惠州巽寮湾举行升高三的宣誓仪式，给高三的学生们加油鼓劲，加油是外部驱动，可以使人获得一时的成长，但是仅靠外部压力，就缺乏持续成长的动力，一旦这种压力削弱或消失，也会失去学习的动力。家长、老师、学生共同宣誓唤醒了学生们的内驱力，促进他们内心爱的成长。唤醒心灵的成长就是激发内驱力，才能大大激发学生主动学习的内生力，从而使学生开始自主良性发展。

五、利用班会主阵地，主动占领德育教育主战场

教书育人，以德为先。课堂教育是德育教育的主战场，尤其是班会课，更能引领和塑造学生的人生观、世界观、价值观。班会课可以培养学生批判性思维、沟通意识、合作意识、创新意识，从而培养创新型、复合型、应用型的人才。所以，当好班主任，必须十分重视开好班会课。我曾主讲了一次全校公开班会课："时间都去哪儿了"，教育学生们珍惜时间，效果非常好。

六、构建大德育观，实现家校共育

教育好学生，仅仅依靠老师是不够的，必须发挥好家庭教育的作用，实现家校共育。学校课堂教育固然重要，但"大德育教育"不单只是需要学校落实，家庭教育也要紧跟时代的步伐，鼓励学生从多方面探索世界，扩展认知的宽度和高度，从而激发学生多方面的兴趣点，实现良性发展。家校共育是我班级管理的典型特色。老师和家长既要关注"双减"下的学生学业与素养发展，也要关注亲子关系即学生与家长的共同成长。家校共育可以培养学生爱人的能力，利他的心；家校共育可以使得学生全身心投入学习，唤醒学生内心的成长，促成德智体美劳全面发展，成为社会主义事业的合格建设者和可靠接班人。"做孩子生命中的贵人"，为学生一生负责，培养能力，滋养"德行"。家校共同培育、共同建构，关注核心素养，引领学生健康成长，使得学生成才，成人，成己，成就伟大事业，成就美好人生！

总之，班主任工作任重道远，要当好班主任，需要不断学习，接受新的挑战。道阻且长，行则将至；行而不辍，未来可期！

第六章

时间管理与工作效率

06

在时间的长河中，每一滴流逝的瞬间都承载着教育的无限可能。时间，这份无价的资源，对于教育工作者而言，更是至关重要。它不仅是知识传递的媒介，更是塑造灵魂、启迪智慧的催化剂。因此，我们必须树立起强烈的时间观念，将每一刻教育时机都视为珍宝。合理规划教育工作，是每一位教育者的职责所在。只有精心安排时间，才能确保教育活动的有序进行，让学生在最佳的学习状态下汲取知识的甘霖。而提升工作效率，则是我们追求的目标。在快节奏的现代社会，利用先进的工具与技术优化工作流程，不仅能够事半功倍，还能够给学生带来更加丰富多样的学习体验。珍惜时间，不仅是为了更好地完成教育工作，更是为了不负韶华，不负青春。惜时如金，我们将拥有更多的时间去探索教育的奥秘，去陪伴学生的成长，去感受生命的美好。让我们携手共进，以时间为笔，以智慧为墨，绘制出绚丽多彩的教育画卷。

第一节　时间观念：珍惜每一刻教育时机

时间是世间最公平的资源，每个人每天都只有二十四小时。班主任的时间观念至关重要，它要求班主任珍惜每一刻教育时机，合理规划时间以确保班级工作有序进行，高效利用时间以提升教育教学质量，并注重自我成长，同时促进家校之间的紧密合作。只有树立起强烈的时间观念，班主任才能更好地担当起教育引领者的角色，为学生的全面发展提供有力支持，实现教育教学的最大价值，并推动个人专业素养的不断提升。

一、时间的珍贵性与教育时机的把握

时间，这一无声无息流逝的资源，对于每个人来说都是无比珍贵的。它的珍贵性源于其不可逆性和有限性，一旦逝去，便再也无法找回。而对于班主任来说，时间的珍贵性更是被放大了无数倍。因为他们的每一分钟、每一秒钟，都可能成为改变学生命运的关键时刻。

作为教育工作者，班主任深知教育的重要性以及时间在教育中的关键作用。他们明白，教育不仅是传授知识，更是塑造性格、引导人生方向的重要过程。而这一切，都需要时间的投入和精心的把握。因此，班主任们时刻保持着对时间的敬畏和珍视，不敢有丝毫的懈怠。

在教育工作中，时机的重要性不言而喻。一个恰当的时机，往往能够起到事半功倍的效果。例如，当学生在课堂上发表出独特的见解或者取得了显著的进步时，班主任若能及时给予肯定和表扬，这无疑会极大地激励学生继续努力，追求卓越。相反，如果错过了这样的时机，可能就需要花费更多的时间和精力去弥补，甚至可能无法达到预期的效果。

为了捕捉和利用各种教育时机，班主任需要具备敏锐的洞察力和快速的反应能力。他们需要时刻关注学生的动态，了解他们的需求和困惑，以便在第一时间给予指导和帮助。班主任还需要不断学习和提升自己的专业素养，以便更好地把握教育时机，为学生提供更有针对性的指导和支持。

在珍惜每一刻教育时机的理念下，班主任们用他们的专业知识和无私奉献，为学生们铺设了一条通往成功的道路。他们深知，每一个学生都是独一无二的个体，都值得被用心对待和呵护。因此，他们愿意花费时间和精力去了解每一个学生，去发现他们的闪光点和潜力，去帮助他们实现自己的梦想和目标。

二、时间管理与班级工作的有序性

时间管理对于班主任来说是一项至关重要的技能。作为班级的管理者和引导者，班主任每天都需要处理大量的班级事务和学生问题。如果没有良好的时间管理能力，很容易就会陷入混乱和无序的状态，不仅影响工作效率，还可能对学生的成长造成负面影响。

为了确保班级工作的有序进行，班主任首先需要制订合理的工作计划。这个计划应该明确每天、每周、每月的工作任务和目标，以便更好地规划自己的时间。通过制订计划，班主任可以清晰地了解到哪些任务是需要优先完成的，哪些任务可以稍后处理。这样不仅可以提高工作效率，还能确保重要任务得到及时有效的处理。

除了制订合理的工作计划外，班主任还需要学会合理分配时间。教学工作是班主任的重要职责之一，但处理学生问题和突发事件同样不可忽视。因此，班主任需要在保证教学任务完成的同时留出足够的时间来处理其他事务。这就需要班主任具备灵活的时间分配能力，能够根据实际情况调整工作计划和时间安排。

在日常工作中，班主任还需要善于利用碎片时间。课间休息、午休时间等零散的短暂时间段虽然看似微不足道，但实际上却能够完成很多有意义的工作。例如，班主任可以利用这些时间与学生进行简短的交流，了解他们的思想动态和学习情况。

在午休时间或工作间隙，班主任也可以阅读一些教育类书籍或文章来提升自己的专业素养。通过不断学习和积累知识，班主任可以更好地应对教育工作中的各种挑战和问题。

三、时间观念与教育教学质量的提升

时间观念对于教育教学质量的提升起着至关重要的作用，这一点在班主任的工作中体现得尤为明显。拥有强烈时间观念的班主任，深知时间的宝贵，他们会更加专注于每一节课的教学内容和教学方法，从而确保教学质量。

这样的班主任会精心备课，投入大量的时间和精力去准备教学资料，设计教学环节。他们清楚地知道，每一节课都是学生学习成长的重要时刻，因此必须做到最好。为了确保每一节课的教学效果，他们会反复研读教材，深入挖掘其中的重点和难点，同时结合学生的实际情况，制订出最适合的教学方案。

除了专注于课堂教学，具有时间观念的班主任还会时刻关注学生的学习情况。他们会通过观察学生的课堂表现、作业完成情况以及与学生沟通交流，及时了解学生的学习进展和困难。一旦发现学生在学习上存在问题，他们会迅速调整教学策略，提供个性化的辅导和指导，以满足不同学生的学习需求。

强烈的时间观念还能促使班主任更加注重学生的全面发展。他们明白，学生的成长不仅是学术成绩的提升，更重要的是综合素质的培养。因此，他们会充分利用课余时间，组织各种丰富多彩的活动，如课外阅读、社会实践、体育锻炼等，以培养学生的兴趣爱好和综合素质。这些活动不仅能够丰富学生的课余生活，还能够在实践中增长见识、锻炼能力，促进学生的全面发展。

四、时间观念与自我成长的推动

时间观念不仅关乎学生的成长和教育质量，更与班主任自身的专业发展紧密相连。一个懂得珍惜时间的班主任，不仅会致力于提升学生的学习效果，同时也会注重自我成长和提升。

拥有强烈时间观念的班主任清楚地认识到，持续的专业发展和学习是教育工作的核心。他们会利用业余时间积极参加各类培训和学习活动，不断更新教育观念，掌握最新的教学方法和技巧。这些培训和学习不仅让班主任在教育理念上保持与时俱进，还能提升他们的教学实践能力。

这样的班主任还会积极阅读教育类书籍和杂志，从中汲取新的教育理念和实践经验。他们知道，只有通过不断学习，才能拓宽自己的教育视野，提升教育教学的深度和广度。他们还会将所学应用到实际工作中，通过实践来检验和提升自己的教育理论水平。

　　除了个人学习外，具有时间观念的班主任还会主动与同行交流分享教育教学心得和体会。他们明白，教育是一个团队工作，只有通过相互学习和分享，才能共同提高教育教学水平。因此，他们会积极参与各种教育研讨会、教学观摩等活动，与同行探讨教育问题，分享成功的教学经验。

第二节 计划安排：合理规划教育工作

作为班主任，合理规划教育工作是至关重要的。班主任应明确教育目标与任务，制订详细的时间计划表，优先处理重要任务，合理利用碎片时间，并建立有效工作流程，同时要定期回顾、调整计划，六者相互衔接，共同构成了一套完整的时间规划体系，不仅有助于班主任高效地管理自己的教育工作，更能确保教育教学质量的稳步提升，为学生的全面发展和个性化教育提供坚实的支撑。

一、明确教育目标与任务

作为班主任，明确教育目标与任务是开展教育教学工作的首要步骤。这不仅关系到个人的工作计划，更与学生的成长和学校的教育质量紧密相连。

首先，班主任要深入了解学校的教育方针和教学计划。学校的教育方针为教育教学工作提供了宏观指导，而教学计划则具体规划了每个学期、每个月甚至每周的教学内容。班主任要通过与学校管理层的沟通，准确把握学校对于教育教学工作的期望和要求，确保自己的工作方向与学校的整体目标保持一致。

其次，班主任要充分了解学生的学习需求。学生是教育的主体，他们的学习需求应该成为班主任制定教育目标和任务的重要依据。为了更准确地把握学生的学习需求，班主任可以通过与学生进行面对面的交流、发放调查问卷、组织座谈会等方式，广泛收集学生的意见和建议。班主任还要关注学生的学习特点和兴趣爱好，以便制订出更符合学生实际的教育方案。

在明确了学生的学习需求后，班主任要结合学校的教育方针和教学计划，制定出符合实际情况的教育目标和任务。这些目标和任务应该具有可操作性、可衡量性和可达成性，以便班主任能够有针对性地开展工作。教育目标和任务的设定也要考虑到学生的全面发展，不仅要关注学生的知识水平，还要注重培养学生的创新精神、实践能力和社会责任感。

为了确保教育目标和任务的科学性与可行性，班主任还需要与学生、家长以及学校管理层进行充分的沟通和交流。通过与学生的沟通，班主任可以了解他们的学习情况和思想动态，及时调整教育方案；通过与家长的沟通，班主任可以获得家长的支持和配合，共同促进学生的成长；通过与学校管理层的沟通，班主任可以及时反馈工作进展和遇到的问题，寻求学校的支持和帮助。

最后，班主任还需要根据学生的实际情况和个性特点，制订出个性化的教育方案。每个学生都是独一无二的个体，他们的学习方式、兴趣爱好和成长背景都有所不同。因此，班主任在制订教育方案时，要充分考虑学生的个体差异，为学生提供适合他们的教育资源和成长环境。

二、制订详细的时间计划表

制订详细的时间计划表是班主任合理规划教育工作的重要环节。一张完善的时间计划表能够帮助班主任更好地管理时间，提高工作效率，确保教育教学工作的有序进行。

在制订时间计划表之前，班主任需要对教育教学工作的整体流程进行梳理，明确每个环节的任务和目标。这包括备课、上课、批改作业、辅导学生、组织活动等各个环节。通过梳理流程，班主任可以更好地把握每个环节所需的时间和资源，为制订时间计划表提供依据。

接下来，班主任需要根据教育教学工作的实际情况和需求，制订出详细的时间计划表。这个时间计划表应该包括每天、每周、每月的工作计划和时间安排。在制订时间计划表时，班主任要充分考虑学生的学习规律和生物钟，合理安排学生的学习时间和休息时间，确保学生在最佳状态下进行学习。

班主任还需要留出一定的灵活时间，以应对突发事件和特殊情况。教育教学工作难免会遇到一些预料之外的情况，如学生突然生病、家庭变故等。留出灵活时间可以让班主任有足够的空间去应对这些情况，确保教育教学工作的顺利进行。

班主任在制订时间计划表时，还要根据学生的实际情况和学习进度进行及时调整。学生的学习进度和能力水平是不断变化的，班主任需要密切关注学生的学习情况，根据实际情况调整时间计划表，以确保教育教学工作的有效性。

在执行时间计划表的过程中，班主任要保持高度的自律性和执行力。只有严格按照时间计划表进行工作，才能确保教育教学工作的有序进行。班主任还要不断总结经验，对时间计划表进行持续优化和改进，以提高工作效率和质量。

三、优先处理重要任务

在日常的教育教学工作中，班主任作为班级的管理者和学生的引导者，会面临多种多样的任务。这些任务包括但不限于备课、上课、批改作业以及处理学生可能出现的各种问题。在这样繁重的工作负担下，如何高效、有序地完成任务，确保教育教学工作的质量，就显得尤为重要。

优先处理重要任务是班主任工作中的一项关键策略。面对众多待处理的任务，班主任首先要做的是对任务进行优先级划分。这需要根据任务的紧急程度和重要性来进行。紧急且重要的任务，如处理学生的突发问题或准备即将到来的重要考试，自然应该放在首位。而那些相对不那么紧急或重要的任务，如整理教学资料或准备下一周的课程，则可以稍后处理。

在处理重要任务时，班主任需要全神贯注，投入足够的时间和精力。这不仅是因为这些任务对于教育教学工作的推进至关重要，更是因为它们往往直接关系到学生的切身利益和学习进步。因此，班主任在处理这类任务时，必须保持高度的专注和责任心，确保每一个细节都得到妥善的处理。

班主任还需要学会合理分配时间和精力。教育教学工作是一项长期而艰巨的任务，需要班主任有持久的耐心和坚韧的毅力。在面对众多任务时，班主任要学会权衡利弊，根据任务的优先级来合理分配自己的时间和精力。这样不仅可以确保重要任务得到及时有效的处理，还能避免因琐碎事务而分散精力，影响整体工作的推进。

通过优先处理重要任务，班主任可以更好地把握教育教学工作的重点和难点。在日常工作中，班主任要时刻保持清醒的头脑和敏锐的洞察力，及时发现并处理那些对学生学习和成长至关重要的问题。这样不仅可以提升教育教学工作的质量，还能为学生的全面发展提供有力的保障。

优先处理重要任务并不意味着忽视其他任务。在完成了紧急且重要的任务后，班主任还需要及时回顾和调整工作计划，确保其他任务也能得到妥善的处理。这需要班主任具备良好的时间管理能力和自我调整能力，以便在繁忙的工作中保持高效和有序。

四、合理利用碎片时间

在日常的教育教学工作中，班主任的时间往往被各种任务和活动所占据。然而，在这些繁忙的时刻之间，总会有一些短暂的空闲时段，我们称为"碎片时间"。这些时间虽然短暂且零碎，但如果能够合理利用，却能给班主任的工作带来意想不到的收获。

班主任可以利用课间休息与学生进行简短的交流。课间休息是学生放松身心、调整状态的时刻，也是班主任了解学生思想动态和学习情况的绝佳机会。通过与学生的交流，班主任可以及时发现学生的问题和困惑，为他们提供及时的帮助和指导。短暂的交流不仅能增进师生之间的感情，还能为班主任提供更多的教育信息和教学资源。

午休时间也是班主任可以利用的碎片时间之一。在这个时段，班主任可以选择阅读一些教育类书籍或文章，以提升自己的专业素养和教育理论水平。阅读不仅可以帮助班主任了解最新的教育理念和教学方法，还能为他们提供新的教育思路和教学灵感。

除了与学生交流和阅读书籍外，班主任还可以利用碎片时间处理一些简单的日常事务。例如，在课间或午休时间整理学生档案、准备教学资料等。这些工作虽然琐碎但却必不可少，通过合理利用碎片时间来完成它们，不仅可以提高工作效率还能避免在忙碌的教学工作中遗漏重要事项。

当然，合理利用碎片时间并不意味着要让班主任时刻保持紧张的工作状态。相反，适当地利用这些时间进行放松和休息也是非常重要的。例如，在课间休息时到室外散步几分钟、做做深呼吸等都可以帮助班主任缓解工作压力、恢复精力和提升工作效率。

五、建立有效工作流程

在快节奏、高强度的教育环境中，班主任的工作已不再是简单的教课和管理学生，而是一项需要具备高度组织和管理能力的复杂工程。为了提高工作效率，确保教育教学的连贯性和质量，班主任必须建立一套行之有效的工作流程。

建立有效工作流程的首要任务是明确工作步骤。教育教学工作涉及多个环节，从备课、上课到作业批改和学生辅导，每一个环节都需要细致入微的管理。班主任应根据学校的教育方针和自身的教学经验，为每一个环节制定清晰的操作步骤和质量标准。这不仅有助于班主任自身的工作有序进行，也能让学生和家长对教育过程有更明确的了解。

合理分配时间和资源是建立有效工作流程的另一个关键。教育教学工作不仅需要精神投入，还需要物质资源的支持。班主任应根据每个环节的重要性和紧急性，合理分配工作时间，确保关键环节得到足够的关注和精力。班主任还需要善于利用和整合各种教育资源，包括教材、教辅资料、多媒体设备以及社区资源等，为教育教学提供有力的物质保障。

制订工作计划也是建立有效工作流程的重要组成部分。教育教学工作具有长期性和复杂性，需要班主任有前瞻性的思考和规划。班主任应根据学校的教学计划和自身的教育目标，制订详细而周密的工作计划。这个计划应涵盖一学期、一学年甚至更长时间的教学安排，包括教学目标、教学内容、教学方法、评价方式等各个方面。通过制订工作计划，班主任可以对自己的工作进行全面的把控，确保教育教学的连贯性和系统性。

建立有效的工作流程并不是一蹴而就的过程，而是需要班主任在实践中不断探索和完善。教育教学工作的实际情况和需求是不断变化的，班主任需要保持敏锐的洞察力和灵活的应变能力，根据实际情况及时调整工作流程。这包括对工作步骤的优化、时间和资源的重新分配以及工作计划的更新等。通过持续的改进和优化，班主任可以建立起一套更加高效、更加符合实际的工作流程。

六、定期回顾与调整计划

时间管理对于班主任来说至关重要，它不仅关系到个人的工作效率，更直接影响到班级的整体运行和学生的教育质量。然而，时间计划并非一成不变，而是需要根据实际情况进行定期回顾和调整。这一过程中，班主任的反思、总结和调整能力显得尤为重要。

定期回顾计划的目的是评估计划的完成情况，了解进度，并找出可能存在的问题。班主任应每隔一段时间，对自己的时间计划进行深入的反思和总结。

这包括审视哪些任务已经完成、哪些任务仍在进行中，以及哪些任务可能遇到了困难。通过回顾，班主任可以清晰地看到自己的工作进度和成果，从而更好地把控时间和任务。

在回顾的过程中，班主任还需要仔细分析计划执行过程中遇到的问题和困难。这些问题可能来自内部因素，如个人能力或精力的限制；也可能来自外部因素，如突发事件或学生需求的变化。无论问题的来源如何，班主任都需要冷静地找出其原因，并思考如何有效地解决。

除了回顾和总结外，调整计划也是必不可少的环节。教育教学工作的实际情况和需求是不断变化的，这就要求班主任的时间计划必须具备一定的灵活性和可调整性。在调整计划时，班主任需要考虑多方面的因素，包括学生的需求、学校的要求以及个人的能力和精力等。通过综合考虑这些因素，班主任可以制订出更加符合实际的新计划，从而更好地推进教育教学工作。

调整计划并不意味着频繁地改变或放弃原有的目标，相反，它是在保持大方向不变的前提下，对具体步骤和时间安排进行微调，旨在使计划更加贴近实际，更具可操作性。因此，班主任在调整计划时，应保持清醒的头脑和坚定的决心，确保新的计划能够真正落地执行。

第三节　提升效率：利用工具与技术优化工作流程

班主任可以利用教学管理软件、在线教育工具、即时通信软件、云存储和共享服务、大数据和人工智能技术，以及在线教育平台等现代化工具和技术来优化工作流程，实现高效的学生信息管理、灵活多样的教学方式、即时的家校沟通、便捷的文件存储与共享、精准的教学数据分析以及自身专业素养的提升，从而全面提升工作效率，为学生提供更高质量的教育服务，促进教育教学工作的现代化和科学化进程。

一、利用教学管理软件

教学管理软件已经成为现代教育领域不可或缺的一部分，尤其是对于班主任而言，它更是一个强大的助手。教学管理软件不仅集成了学生信息管理、课程安排、作业布置与批改以及成绩统计与分析等多重功能，还极大地提升了教学管理的效率和准确性。

教学管理软件使得班主任能够更加方便地管理学生的各项信息。在传统的教学管理方式中，班主任需要手动整理和记录学生的基本信息、家庭情况、学习成绩等，这不仅耗时耗力，而且容易出错。而教学管理软件则能够自动化地完成这些任务，班主任只需输入相关信息，软件便可以智能地分类、整理并存储这些数据。当需要查询某个学生的信息时，只需在软件中搜索即可，大大提高了工作效率。

教学管理软件在课程安排方面也表现出了极大的优势。在传统方式下，课程安排需要班主任手动进行，考虑到各种因素，如教师的时间、教室的使用情况等，这往往是一项复杂而烦琐的任务。然而，教学管理软件能够根据预设的条件自动进行课程安排，避免了手动安排的种种困扰。软件还能够实时更新课程安排情况，确保所有相关人员都能够及时获取最新的课程信息。

教学管理软件在作业布置与批改方面也为班主任提供了极大的便利。通过软件，班主任可以轻松地发布作业，并设定提交截止日期。学生提交作业后，班主任可以随时在线进行批改，给予学生及时的反馈。即时的互动方式不仅提高了学生的学习积极性，也使得班主任能够更加及时地了解学生的学习情况，从而进行有针对性的指导。

教学管理软件还提供了强大的成绩统计与分析功能。在传统方式下，成绩的统计和分析需要班主任手动进行，这不仅工作量大，而且容易出错。而教学管理软件则能够自动完成这些任务，为班主任提供详细的学生成绩报告和数据分析结果。通过这些数据，班主任可以更加清晰地了解学生的整体学习情况和个体差异，从而制定出更加有效的教学策略，提升教学质量。

二、采用在线教育工具

随着科技的不断发展，在线教育工具日益兴起，给班主任的教学工作带来了新的可能性。这些工具使得教学不再局限于传统的课堂环境，为班主任和学生提供了更加灵活多样的学习方式。

在线教育工具允许班主任创建在线课程，将教学内容以数字化的形式呈现。这种教学方式突破了时间和空间的限制，使得学生可以随时随地进行学习。对于班主任而言，这意味着他们可以根据学生的需求和兴趣来定制课程内容，提供更加个性化的学习体验。在线教育工具还支持多种媒体格式，如视频、音频、图文等，使得教学内容更加丰富多样，激发学生的学习兴趣。

在线教育工具为班主任提供了组织在线测试和讨论的功能。通过在线测试，班主任可以及时了解学生的学习情况和掌握程度，为后续的教学提供参考。而在线讨论则鼓励学生之间的交流和合作，培养他们的团队协作能力和批判性思维。这些功能不仅提升了教学效果，也使得班主任工作更加高效和便捷。

在线教育工具还能够帮助班主任收集学生的学习数据，进行精准的教学评估。在传统的教学方式中，班主任往往难以全面了解每个学生的学习情况。而在线教育工具则可以记录学生的学习轨迹和成绩变化，为班主任提供更加详细和准确的数据支持。通过这些数据，班主任可以及时发现学生的学习问题并给予针对性的指导，从而提高教学质量。

在线教育工具还为班主任提供了丰富的教学资源和互动功能。班主任可以利用这些资源进行备课和教学，提升课程的趣味性和实用性。互动功能则鼓励学生积极参与课堂活动，提高他们的学习积极性和自主性。这些资源和功能不仅丰富了教学内容和形式，也使得教学工作更加生动有趣。

三、使用即时通信工具

在当下的数字化时代，即时通信工具如微信、QQ等，早已渗透到我们生活的方方面面。对于班主任而言，这些工具不仅是日常沟通交流的媒介，更是提升工作效率、加强与学生和家长联系的重要桥梁。

即时通信工具为班主任提供了一个快速、便捷的信息发布平台。无论是学校的最新通知、班级的活动安排，还是临时的课程变动，班主任都可以通过即时通信工具迅速传达给学生和家长。即时的信息传递方式，确保了信息的时效性和准确性，避免了因信息传递滞后或误传而带来的不必要的麻烦。

即时通信工具还是班主任分享学习资料、解答学生疑问的重要渠道。班主任可以通过建立群聊或私聊的方式，将学习资料、课件等文件分享给学生，供他们随时下载和学习。学生也可以随时向班主任提出疑问，无论是关于课程内容的理解，还是学习方法的探讨，班主任都可以即时给予回复和解答。

即时通信工具还为班主任与家长之间的沟通提供了极大的便利。班主任可以通过建立家长群或私聊的方式，及时向家长反馈孩子在校的学习情况、表现及进步，同时也可以听取家长的建议和意见，共同关注孩子的成长。

四、利用云存储和共享服务

随着云计算技术的不断发展，云存储和共享服务已经成为现代人处理文件与数据的重要方式。对于班主任来说，利用云存储和共享服务，如百度云、腾讯微云等，可以极大地提升文件管理的效率和安全性。

云存储服务为班主任提供了一个无限量的虚拟存储空间，可以将大量的教学资料、学生作业等文件上传到云端。这不仅节省了本地存储空间，还使得文件的管理和备份变得更加便捷。无论何时何地，只要有网络连接，班主任就可以随时访问和编辑这些文件，大大提高了工作的灵活性和效率。

云存储服务的共享功能也给班主任的教学工作带来了极大的便利。班主任可以设置不同的共享权限，与其他教师或学生共享特定的文件或文件夹。共享方式不仅实现了教学资源的优化配置，还有助于加强教师之间的合作与交流。例如，多位教师可以共同编辑和完善一份教学资料，从而提高教学质量和效果。

云存储服务还具有很高的安全性。通过数据加密、备份和恢复等功能，可以确保文件的安全性和完整性。即使发生硬件故障或数据丢失等意外情况，也可以迅速恢复文件和数据，避免了因数据丢失而带来的损失和风险。

五、应用大数据和人工智能技术

在当今这个信息爆炸的时代，大数据和人工智能技术正以前所未有的速度改变着我们的世界。对于教育领域，特别是班主任工作，这两项技术同样展现出了巨大的潜力和价值。

大数据技术的应用，使得班主任能够以前所未有的精度和深度了解每一个学生的学习状况。在传统的教学模式下，班主任对学生的了解往往只能停留在表面，很难深入挖掘学生的学习特点和问题。然而，通过大数据技术，班主任可以收集并分析学生在学习过程中产生的各种数据，如作业完成情况、测试成绩、在线学习时长等，从而更全面地把握学生的学习状态。

数据分析不仅能帮助班主任发现学生的学习规律和潜在问题，还能为教学提供科学的依据。例如，通过分析学生的作业完成情况，班主任可以发现哪些知识点是学生普遍掌握较好的，哪些知识点是学生普遍存在困惑的。这样，在后续的教学中，班主任就可以有针对性地进行重点讲解和辅导，从而提高教学效果。

与此同时，人工智能技术的引入，更是给班主任工作带来了革命性的变化。人工智能技术可以根据学生的学习数据和反馈进行智能分析，为班主任提供更加个性化的教学建议和辅导方案。

具体来说，班主任可以利用智能教学系统，根据学生的学习情况和进度，为学生推送个性化的学习资源和练习题。这样，每个学生都能在自己的学习轨道上稳步前进，避免了"一刀切"的教学方式带来的种种弊端。智能教学系统还可以实时跟踪学生的学习进度和反馈，为班主任提供及时的教学调整建议。

除了个性化教学之外，人工智能技术还可以帮助班主任优化教学管理。例如，通过智能排班系统，班主任可以更加合理地安排课程和活动时间，确保每个学生都能得到充分的关注和指导。利用智能评估系统，班主任可以更加客观地评价学生的学习成果和进步情况，为后续的教学提供参考。

值得一提的是，大数据和人工智能技术的结合，还给班主任工作带来了更多的创新可能。班主任可以利用这些技术，开发更加丰富的教学资源和工具，如虚拟现实教学、在线互动课堂等，从而为学生提供更加生动、有趣的学习体验。

第四节　惜时如金：珍惜时间的益处

珍惜时间对班主任至关重要，它不仅能提高工作效率，减少遗憾，还能增加成功机会，培养自律习惯，增强幸福感，拓展人际关系，实现自我价值，同时促进身心健康。通过合理安排时间，班主任能更高效地完成教学任务，更好地关注学生成长，提升专业素养，形成良好的自律习惯，享受工作的幸福和满足，拓展人脉资源，实现教育理想，并保持健康的身心状态去迎接工作和生活的挑战。

一、提高效率

作为班主任，每一天都是充实而忙碌的，面对繁重的教学任务和复杂的班级管理工作，如何更加高效地完成任务，确保教学质量，成为班主任必须面对的挑战。珍惜时间，不仅是一个时间管理的问题，更是一种工作态度的体现。

提高效率，首先意味着要能够更有效地规划一天的工作流程。班主任的工作不仅仅是站在讲台上授课那么简单，还包括课前准备、学生作业批改、家长沟通、班级管理等诸多方面。珍惜时间，就是要把这些琐碎而重要的工作，都纳入一个有序的时间表中，确保每一项任务都能得到高效的处理。

以课前准备为例，一个珍惜时间的班主任，会在课前做好充分的准备，包括教材研读、教案设计、课件制作等，确保课堂上的每一分钟都能被充分利用，让学生在有限的时间内获得更多的知识。这不仅提高了教学质量，也让学生感受到了班主任的专业和用心。

合理安排课余时间进行学生辅导或咨询，也是珍惜时间的重要体现。课余时间，对于班主任来说，是与学生进行深入交流、解决学生学习困惑的宝贵机会。一个珍惜时间的班主任，会利用这些时间，针对学生的不同需求，提供个性化的辅导和咨询，帮助学生解决学习上的难题，从而提高学生的学习效果和自信心。

珍惜时间也意味着要学会拒绝一些不必要的干扰。在工作中，班主任常常会面临各种突发情况和额外任务，这些都会打乱原有的工作计划。一个珍惜时间的班主任，会懂得权衡利弊，拒绝一些不必要的干扰，确保自己的工作时间能够得到最有效的利用。

二、减少遗憾

作为班主任，我们深知自己的责任重大，因为我们肩负着培养下一代的重任。每个学生都是独一无二的个体，他们有着自己的潜力和梦想。我们的目标是帮助他们实现梦想，成为他们人生旅程中的引路人。然而，时间有限，我们不可能在每个学生身上都花费无限的时间和精力。因此，珍惜时间就显得尤为重要。

珍惜时间意味着我们要更加关注学生的成长，及时给予他们指导和帮助。当我们把时间用在关注学生的需求、解答他们的疑惑、引导他们走向正确的方向上时，我们就会减少很多遗憾。我们会看到学生因为我们的关注和帮助而取得进步，实现自己的梦想，这种成就感会让我们觉得所有的付出都是值得的。

珍惜时间也让我们有机会去深入了解每一个学生，发现他们的独特之处和潜在能力。当我们了解了学生的需求和兴趣时，我们就能更好地指导他们，帮助他们发挥自己的优势，克服自己的弱点。这样，我们不仅能够帮助学生在学业上取得成功，还能在他们的心灵深处留下深刻的印记。

减少遗憾还体现在我们与学生的关系中。当我们珍惜时间，把时间用在与学生建立深厚的感情上时，我们就会与他们建立起一种特殊的联系，不仅让我们在学生心中留下美好的回忆，还能让我们在学生需要帮助时及时出现在他们身边，给予他们支持和鼓励。

三、增加成功机会

在教育的广阔天地中，班主任是一个班级的灵魂，他们的工作质量直接关系到学生的成长和未来。要想在这个领域取得成功，仅凭一腔热情是远远不够的。班主任不仅要有扎实的教学能力，还需具备出色的管理和沟通能力。而这些能力的获得和提升，都离不开对时间的珍惜和有效利用。

珍惜时间意味着班主任能有更多的机会去深化自己的专业素养，拓宽教育视野。教育是一个不断进化的领域，新的教学理念和方法层出不穷。只有不断学习和进步，才能跟上时代的步伐，为学生提供更优质的教育服务。而这一切，都需要时间的投入。

当班主任把时间用在参加专业培训上时，他们就有机会接触到最前沿的教育理念和实践方法。这些新知识、新技能不仅能直接提升班主任的教学水平，还能激发他们的创新思维，帮助他们在教育领域开辟新的天地。同样，阅读教育类书籍也是提升专业素养的重要途径。书籍是知识的海洋，通过阅读，班主任可以汲取前人的智慧，避免在实践中走弯路。

更为重要的是，珍惜时间、努力学习还能为班主任创造更多的成功机会。在教育领域，成功不仅意味着教学成绩突出，更包括对学生产生深远影响，引领他们走向更广阔的未来。当班主任通过不断学习和实践，形成了自己独特的教学风格和育人理念时，他们就更有可能在教育界脱颖而出，成为引领潮流的佼佼者。

珍惜时间还能让班主任有更多的精力去关注学生的个性化需求。每个学生都是独一无二的，他们有着不同的兴趣、爱好和天赋。一个成功的班主任，应该能够发现并培养学生的潜能，帮助他们找到适合自己的发展道路。这同样需要时间的投入和细心的观察。

四、培养自律习惯

自律，是一种对自己行为的约束和管理，它是个人成长和成功的基石。对于班主任来说，自律不仅关乎个人的职业素养，更直接影响着学生的成长和未来。因此，培养自律习惯成为班主任工作中不可或缺的一部分。

珍惜时间，是培养自律习惯的重要前提。时间有限且宝贵，如何合理分配并利用好每一分每一秒，就显得尤为重要。一个自律的班主任，会时刻意识到时间的价值，不会轻易浪费。他们会按时完成工作，不拖延、不敷衍，这种对时间的尊重和珍惜，无形中也在塑造着他们的自律品质。

当班主任展示出自律习惯时，他们自然而然地成为学生心目中的楷模。学生会从班主任的言行中感受到自律的力量，并逐渐模仿和学习。潜移默化的影响，比任何空洞的说教都更有说服力。学生在班主任的引领下，也会逐渐形成良好的时间管理习惯和自律品质。

自律习惯还能让班主任的工作更加有条不紊，提高工作质量。教育工作琐碎而繁重，如果没有良好的自律习惯，很容易陷入混乱和疲惫。而一个自律的班主任，能够合理安排工作和学习时间，保持高效的工作状态。他们对待每一项工作都会认真负责，不会因个人情绪或外界干扰而轻易放松标准。严谨的工作态度，不仅能够提升班主任自身的职业素养，还能够为学生树立一个良好的榜样。

五、增强幸福感

在许多人眼中，班主任工作可能意味着琐碎的事务、无尽的担忧和肩负的重大责任。然而，对于真正热爱教育、珍视与学生相处的每一刻的班主任来说，这份工作带来的幸福感是无法用言语表达的。

幸福感，往往来源于内心的满足和自我价值的实现。对于班主任而言，这种幸福感很大程度上来自与学生的互动和情感连接。当学生因为自己的帮助而取得进步，当看到他们纯真的笑脸，当听到他们由衷的感谢，那一刻，所有的辛劳都变得值得，内心的幸福感如泉水般涌动。

而珍惜时间，就是珍惜与学生相处的每一个瞬间。投入更多的精力和爱心去关注学生，不仅是完成教学任务，更是与学生建立真挚情感的过程。深厚的师生情谊，是金钱买不到的宝贵财富。它让班主任的工作不再仅仅是一份职业，更是一份充满爱和温暖的事业。

珍惜时间也意味着班主任能够更加专注于学生的成长和教育。当班主任全身心投入，关注每一个学生的需求和发展，他们就更有可能发现学生的潜能和特长，进而提供更加个性化的教育引导。有针对性的教育能够帮助学生更好地成长，让班主任感受到教育工作的成就感和幸福感。

因此，对于班主任来说，珍惜时间就是珍惜与学生相处的每一刻，珍惜教育工作带来的每一份感动和满足。当班主任真正投入这份工作中时，他们就会发现，幸福感其实就在身边，就在那些看似平凡却充满爱的日常里。

六、拓展人际关系

在教育领域，人际关系的重要性不言而喻。对于班主任来说，与家长、同事以及其他教育工作者的沟通和合作，是日常工作中不可或缺的一部分。这些人际关系的建立和维护，不仅能够提升班主任的工作效率和影响力，还能够为其未来的职业发展打下坚实的基础。

珍惜时间，对于拓展人际关系具有至关重要的意义。当班主任愿意投入更多的时间去与家长、同事等交流时，他们就更有可能建立起深厚的信任和友谊。这种信任，是基于彼此的了解和尊重，是长时间沟通和合作的结果。

在与家长的沟通中，珍惜时间意味着班主任能够及时回复家长的疑问和关切，积极参与家长会等讨论活动，与家长共同关注孩子的成长。积极的互动，不仅能够让家长感受到班主任的负责任态度和专业素养，还能够促进家校之间的紧密合作，为孩子创造更好的教育环境。

在与同事的合作中，珍惜时间则意味着班主任愿意倾听他人的意见和建议，积极参与团队讨论和协作，共司为提升教育质量而努力。团队精神能够提升班主任的工作满意度和归属感，为其在教育领域建立更广泛的社交网络提供支持。

与其他教育工作者的交流和合作，也是拓展人际关系的重要途径。通过参加教育研讨会、学术交流等活动，班主任可以接触到更多的教育理念和实践经验，从而不断丰富自己的知识体系和教学方法。这些经历，不仅能够提升班主任的专业素养和教育能力，还能够为其在教育领域建立更广泛的影响力提供帮助。

七、实现自我价值

实现自我价值，是每个人内心深处的渴望。对于班主任而言，这份渴望更为强烈。他们不仅承担着教书育人的重任，还肩负着塑造未来的使命。因此，珍惜时间，努力追求自己的教育理想和追求，对于班主任来说，是实现自我价值的重要途径。

班主任都有自己独特的教育理念和方法，这是他们在长期的教育实践中逐渐形成的。珍惜时间，意味着班主任能够有更多的时间和精力去探索与创新，进而形成自己的教育特色。当他们的教育理念和方法得到学生与家长的认可和好评时，那种由内而外的成就感会让他们更加坚信自己的教育追求是正确的。

实现自我价值还体现在班主任对教育事业的贡献上。当他们通过自己的努力，帮助更多的学生实现梦想，走向成功时，那种满足感是无法用金钱衡量的。他们的付出，不仅改变了学生的命运，更为整个社会的进步和发展做出了贡献。

更为重要的是，珍惜时间，努力追求自我价值，还能够让班主任在工作中不断挑战自我，突破自我。他们会时刻保持一颗进取心，不断学习新知识，掌握新技能，以适应不断变化的教育环境。

当看到自己的努力成果得到广泛的认可和赞誉时，那种自豪感和满足感会让班主任更加热爱这份工作，更加坚定地走在教育的道路上。他们会继续珍惜时间，继续努力，为实现自己的教育理想和追求而奋斗终身。

八、促进身心健康

身心健康是每个人追求幸福生活的基石，对于班主任而言更是如此。他们肩负着繁重的工作任务和巨大的责任压力，很容易忽视自己的身心健康。然而，只有珍惜时间并合理安排工作和休息时间，班主任才能真正地保持身心健康，从而更好地面对每一天的工作和生活挑战。

珍惜时间意味着班主任需要合理安排自己的工作时间，避免过度劳累。他们应该学会在忙碌的工作中寻找片刻的宁静，给自己一些放松和休息的时间。这些时间可以用来进行适当的锻炼、保持良好的作息习惯、及时调整工作状态等，都有助于提升身心健康水平。

适当的锻炼是保持身心健康的重要途径之一。班主任可以选择一些适合自己的运动方式，如散步、瑜伽、跑步等，通过运动来释放压力、增强体质。保持良好的作息习惯也至关重要。充足的睡眠和规律的饮食是维持身体健康的基础。班主任应该尽量保证每天有足够的睡眠时间，避免熬夜和不良的饮食习惯。

及时调整工作状态也是促进身心健康的关键。当班主任感到疲惫或压力过大时，应该学会调整工作节奏和心态。他们可以与同事交流、寻求帮助，或者参加一些放松身心的活动，如听音乐、阅读等，以缓解工作压力和负面情绪。

当班主任能够珍惜时间并关注自己的身心健康时，他们就能以更加饱满的精神状态和更高的工作效率去面对每一天的工作与生活挑战。这不仅能够提升他们的生活质量，还能够为他们所热爱的教育事业注入更多的活力和激情。

附：

时间都去哪儿了

—— "珍惜时间"主题班会设计

一、教案设计

（一）班会背景

人的一生是有限的。可是现在学生普遍浮躁，很多学生在物欲横流的社会迷失了自我，很多学生不懂得珍惜时间，特别在高三很多同学忙而乱，不珍惜学习时间，不珍惜与父母、老师和同学相处的时间，有时间上网刷屏，没时间锻炼身体，没目标、没动力、没方向，人生没乐趣、没支点。高中阶段的学生，随着身心的发展、需要学习的知识与技能的增加、兴趣爱好的增多，很多学生都感觉自己的时间不够用，或是忙碌了一天却什么事也没做成。这在一定程度上反映了他们还没有认识到时间管理的重要性，不会有效地管理自己的时间。因此，需要教师组织学生以体验的方式感知时间管理的必要性。通过活动让学生学会合理分配学习时间，为学生提供时间管理及制订学习计划的方法和技巧。为了提高时间的利用率，每个人都应对自己的时间进行管理。基于以上情况，我们设计了本次主题班会。

（二）班会目的

通过班会活动，学生体会到时间的宝贵，明白珍惜时间的重要性，初步掌握时间分配的技巧，培养规划时间的能力，学会合理安排时间，养成良好的学习习惯，在班级营造"分秒必争"的学习氛围。

（三）班会准备

歌曲《时间都去哪了》，长16~18厘米、宽1厘米的小纸条若干，一日学习计划表，一个大口的透明杯子，一瓶水，一些乒乓球、细沙、细盐。

（四）班会流程

环节1.热身活动。

环节2.神奇的杯子（化学实验）。

环节3.展示我们的一天。

环节4.纸条与人生。

环节5.清华学子的建议。

环节6.齐声朗诵。

二、课堂实录

环节1.热身活动

师：请听歌曲——《时间都去哪儿了》（同时播放担任班主任一年以来的重大活动的照片）。

师：面对时间的流逝，每个人都会感到惋惜和无奈。但我们对时间到底了解多少？你能否管理好自己的时间呢？让我们一起进入这次心理主题班会——时间都去哪儿了。

设计意图：利用听歌曲作为班会的热身，使学生体会"时不再来"的惋惜和遗憾，感受时间的珍贵，激发学生珍惜时间、合理利用时间的兴趣和动机。

环节2.神奇的杯子（化学实验）

师：同学们，这里有一只神奇的杯子，因为这只杯子装东西永远也装不满。不信的话，我就演示给大家看一看。（先取几个乒乓球放入杯中，直到放不下为止；再向杯里加入细沙，直到加不进为止；然后向杯里加入水，直到溢出为止；最后向杯里撒入一些细盐。每一步都要请学生仔细观察并询问："装满了吗？"）

师：看完这个实验你有什么感受？

生1：杯子实验让我印象深刻。本来石头已经把杯子装得满满的了，老师却又变魔术般地往杯子里加入了细沙、水和盐。

生2：这不禁让我想到，平时总觉得学习任务挺多的，时间不够用，原来这是因为没有好好地安排时间、效率不高造成的。

生3：正如鲁迅先生所说的：时间就像海绵里的水，只要肯挤，总是有的。（展示浸过水的海绵，挤压）我们要利用一切可以"挤出"的时间，高效地学习。

师：看来一个小实验带给了大家很多启发。在学习和生活中我们的确需要珍惜时间、提高效率，要有计划地安排时间。当事情多、时间少时，首先要考虑如何穿插利用时间，提高效率；如果事情实在太多，就必须暂时放弃一些，以保证先做好重要的事情。先放乒乓球放满了，然后加沙子，再加水，正如学习数学达到饱和了，就换语文来学习，学习语文达到饱和了就学英语等；先放大的乒乓球就好比我们目前首要任务是迎战高考，然后放沙子和水就好比培养兴趣与锻炼身体，正所谓抓大放小，先主后次，主次兼顾。

设计意图：通过实物演示及时间管理坐标让学生明白，时间是可以"挤"的，做事情需要合理计划统筹安排，也需要讲究先后顺序。

环节3.展示我们的一天

师：请大家讨论一下，在学校的每一天你都是怎样度过的？

（展示一天的工作）

师：上周班会请大家回顾了每个人的日程计划表，展示一下。

示例1：《×××的一日学习规划》

6：00—6：10起床	13：45去上课
6：15出宿舍去送桶	间隙用来写作业
6：30开始吃饭	18：00去吃饭和洗澡
6：45到班开始一天的学习	18：30到班晚修
早读完后开始写今天的作业	20：30到答疑室自习
12：20去吃午饭	20：45回班
12：35回宿舍刷牙晾衣服	22：45回宿舍
12：50开始写作业	23：00做没做完的事
13：20睡觉	23：45睡觉

补充：如果说最忙的话应该是整个晚自习（全天）都在写作业并且写不完。比如，在等早饭的时候会看手头有的笔记，吃午饭的时候有时会和同学互考知识点。课间基本就在写作业，偶尔打个水，去下厕所。比如，洗澡时顺便把衣服洗了，自带被子就可以不用叠被子，晚上提前把值日做了，把要用的资料提前放在桌上。

师：上周我请几位家长写了某一日工作日程，展示一下。

示例2：《×××家长的一日工作日程》

一个汽车维修技工的一天

昨天晚上接到同事电话：一台由于天窗漏水而进厂维修的路虎在漏水故障排除后，发动机却启动不了。因为答应客户今天把车修好，所以，平时9点上班的我今天8点就去上班了……

按步骤，先进行检测仪读取车辆ECU（发动机电脑）储存的故障码，显示BCM（车身电脑）无法接收到来自智能钥匙的信号。看来发动机启动不了的主要问题就是智能钥匙发射的启动授权频率BCM没有接收到。根据汽车设计原理和物理学科知识，频率的发射和接收首先是智能钥匙发射频率，其次BCM通过天线接收智能钥匙发射的频率信号，核对通过后授权发动机启动。有了这个理论依据，我和同事们逐一对智能钥匙和相关天线进行了检测，没有发现任何问题。中午12点，维修进入了困境：检测仪读出的故障都被我们排除了。

同事们吃饭去了，我也胡乱吃了两口。我们陷入了沉思，一遍一遍地梳理我们在维修天窗漏水过程中拆卸过的哪些零件会与这个故障有关，是哪个部位没有恢复好……想着没拆装天窗之前车是可以启动的，会不会是我们拆装的问题呢？如果再拆装一次，需要5个小时左右，而客户约好了下午5点来取车去广州办事。时间来不及啊，怎么办？

我也顾不上中午朋友休息时间了，直接打电话给在路虎4S店工作的朋友，简要说明了故障情况，朋友也无法判断是哪里出了问题。又找了几个经验丰富的师傅过来会诊，全告失败。

下午3点多了，我开始有点烦躁了。

电话响了，车主电话，询问车辆维修情况，问可否提前半小时取车……我如实和车主讲明了车辆目前的情况，车主表示有过智能钥匙打不开车门的情况。请我务必按时交车给他，约了重要事情。这使本就心情烦躁的我顿时流出了不安的满头大汗。

打开电脑，打开该车型的维修手册……全英文（我没学过英语学科），利用手机里安装的翻译软件对我们拆装过的地方进行每一条电线、每一个接头的功能甄别。每一个英文单词都要通过手机去翻译，所以进度特别慢。现在想想，年少时如果用心读书，可以上大学，也不至于今天这样累了吧……

嘀嗒嘀嗒，时间一分一秒地过去了……4点15分，我们拆装过的地方排查完毕，没问题，车依然故障。我只有对着电脑里的资料继续深入查未拆的部分……（我就不信查不行！我一定可以！自己给自己打气）突然，线路图上的一个英语单词映入眼帘：接地！位置在我们拆装天窗附近，功能是给BCM车身电脑供电，是不是这条线出问题了？马上召集同事去检查，得到回复：线头吉虚脱，接触不良，现在没电压。处理好后，发动机启动成功，故障排除。车主到了，取车赴约。时间刚刚好，我笑了。

总结：时间不等人，只能争分夺秒地工作，不可拖拉；学习不分老少，任何人任何时候都要不停地学习才可以胜任工作；别遇到困难就泄气，要勇于面对，想办法去攻克它！

劝君莫惜金缕衣，劝君惜取少年时！

师：上周我找了一位老师写了某一日工作日程，展示一下。

示例3：《×××老师的一日工作日程》

一个教师的一天

6：22，起床：被闹钟吵醒，简单地洗漱后，轻轻地走出家门，因为这时女儿还在梦乡中，生怕把她吵醒。

6：50，乘班车到学校。

7：25，在教室里看早读，到班级检查卫生常规。

8：30，参加备课组会议，回头传达会议精神然后在办公室里批阅作业。

10：30，开始上第三节课和第四节课。

12：10，饥肠辘辘，去食堂吃饭，累得不想动了。

13：10，躺在办公室看看学校和年级微信有何通知，一个中午没睡着。

15：00，约谈的家长到了。

15：30，开班会。

17：30，在食堂简单地用了晚饭。

18：50，来到教室，班主任进行晚自修管理，并讲了一些学考网上报名的工作和注意事项。

19：00，答疑。

21：00，晚自修下课。

22：00，回到家，洗漱，看看新闻，睡觉。

设计意图：通过学生、家长、老师一天的日程，使学生明白每个人都很忙，所以我们要珍惜在学校的学习时间，青春是最美好的，我们该好好珍惜青春时光。

师：有同学说时光大把，不着急，真的是这样吗？

通过问题引导学生讨论思考，了解时光的宝贵性。

环节4. 纸条与人生

师：现在，请大家拿出纸条，在纸条上平均画出十个格子，即分成十等份，在格子里依次写上1～10十个数字。这张纸条就代表着我们的人生，假设人生有一百年，每一个格子就代表十年。请把你年龄前的纸条撕掉，如果你十八岁，就撕掉前面一个半格子，看看还剩多少个格子。设想一下你的寿命是多少岁，请将这个数字后面的纸条撕掉。再把剩下的格子分成三等份，撕掉三分之二，因为剩下的时间中有三分之一我们在睡觉，另外的三分之一花在吃饭、上网、逛街、打游戏等事情上面。现在，请将你手中最后剩下的纸条与桌上撕掉的纸条相比较，把高三这半年多的时间规划好，请大家谈谈活动的感受。

生1：一直以来，我总感觉时间对自己来说还有很多很多，趁着年轻就应该好好享受，痛痛快快地玩。可是当游戏结束时，手里的纸条变得只有一小截儿了，我才意识到原来高中三年的学习时间竟是这么一点点，我感到非常震撼。

生2：之前，我没有好好地珍惜时间，甚至没有时间管理的意识，从现在起，我要认真学习管理自己的时间了。

生3：我的一张纸撕掉了很多，剩的很少，我的基础不是很好，所以我要紧跟着老师讲课的节奏，把之前不懂的知识尽力捡起来，尽最大的努力来学习。

生4：高三后期很紧张，但是我把时间分为三大块，其中三分之二用来学习，六分之一用来陪父母，六分之一用来陪外婆，我打算1月之前主攻英语听力；2～4月进行二轮复习，查缺补漏；4～6月努力赶超，最后冲刺，谢谢大家！

生5：高考时间很紧张，我要好好珍惜最后的复习时间，同时我要活到老学到老，我计划大学双修，然后四十岁辞职，做自己喜欢的事情，谢谢大家！

师：从刚才的活动中我们不难发现，一百年看起来很长，但其实真正用来学习的时间却非常短暂。时间是有限的，请好好反思一下自己平时用于学习、课外活动、娱乐及休息等各方面的时间是否分配得当。接下来，我们一起来学习管理时间的方法。

设计意图：让学生认识到高三最后不到一年的短暂及学习时间的宝贵，重点要放在学生的体验和分享上。

环节5.清华学子的建议

下面展示一位清华大学学生对高中生的建议（此处只展示具体方面，不详细展开）。

（1）偏科问题。

（2）永远不要说你已经尽力了。

（3）怎么学好高中的课程。

（4）怎样挤时间。

（5）给自己找压力。

（6）如何面对情感问题。

（7）不要抱怨老师不好。

（8）好的身体是一切的本钱。

（9）一些学习的小技巧。

附：清华校长的观点——未来：方向比努力重要，能力比知识重要，健康比成绩重要，生活比文凭重要，情商比智商重要！

总结

师：请大家谈谈这次班会课的活动感受吧。

生：通过这次班会，我发现自己在学习和娱乐方面的时间安排都不太合理，很多时间都白白浪费了。我这次制定的"一日计划表"十分清晰，相信只要坚持实施，一定会取得好成绩。

师总结：我们在游戏和活动中共同体验了时间的珍贵，感受到管理时间、规划生活的重要性，也学习了不少时间管理的方法和技巧。昨天匆匆而过，给我们留下了很多的遗憾，今天的二十四小时正在进行，但也即将过去。你们未来怎样把握时间，全凭自己的安排。同学们，让我们从现在开始，把握好自己的时间，做时间的主人吧！

通过此次班会学生认识到：①时间就像海绵里的水，只要愿意挤总是有的，高三不努力人生就会留下遗憾，没有经过高三洗礼的人生是不完整的。②珍惜学习时间的同时要舍得花点时间锻炼身体，身体是革命的本钱，身体是1，其余都是0（有时间可以去查一下复旦大学教师癌症患者于娟的《生命日记》）。③合理分配时间不要盲目枯燥地学习，要多参加集体活动，多培养兴趣爱好，这样人生才会有支点。比如，小李会折玫瑰花、会设计板报、会书法等，小超会吹拉弹唱，培养一点兴趣爱好人生就会多一个支点。④珍惜学习时间，也要珍惜与父母相处的时间，我们越来越大，回家的次数越来越少，我们哪个不是父母一把屎一把尿拉扯大的？也要珍惜与老师相处的时间，老师是这个世界上与你没有血缘关系，但是真心真意希望你变得更好的人；更要处理好与同学的关系。⑤有这样一句话"穷则独善其身，达则兼济天下"，我们现在好好珍惜时间，将来才能更好地报效祖国。有人说学习好未必有用，但我觉得学习好学习领悟能力强，做什么事情都会有很好的悟性。⑥有梦想谁都了不起，但是我们要有实现梦想的行动，所以我们要过好当下的每一分每一秒，考上大学不是你将来生活更好的唯一出路，但是考上大学，你的人生可以少走很多弯路，考大学是一个人生的过程，使得你的人生少些遗憾。我们应该从现在起，更加珍惜时间，争取早日实现人生的自由，实现灵魂的自由，争取高三最后半年不留下遗憾！

环节6. 齐声朗诵

老师的希望：大家脚踏实地，一步一个脚印，珍惜学习时间，合理分配时间，向时间要效率，早日实现自己的理想！让我们一起来吟诵陶渊明《杂诗》中的四句经典名句：

> 盛年不重来，
>
> 一日难再晨。
>
> 及时当勉励，
>
> 岁月不待人。

三、班会反思

通过这节班会，班级纪律有了明显改善，学生能够严格按照自己的计划学习，考试成绩也有所提升。但是有的学生过于心急，每天计划的学习内容太多，超出了自己的能力范围，给自身造成了很大的心理压力。经过一对一的谈心，这种情况有所缓解。当然，让学生学会珍惜时间只依靠一节班会课还远远不够，班会过后，教师需要时时提醒，对做得好的学生加以表扬，让做得不足的学生有所借鉴。我设计的班会主题虽然是时间都去哪里了，实质上却穿插了很多我的教育理念：比如好好学习的同时要处理好与父母、同学的关系，讲解俞敏洪因为同学关系好，在新东方遇到困境时，很多远在海外的同学伸出了援助之手；讲到珍惜时间学习的重要性，不禁让人想到一个令人敬佩的人物——斯蒂芬·威廉·霍金。霍金是一位伟大的物理学家和宇宙学家，他对宇宙的起源和黑洞的研究做出了杰出贡献。然而，他的人生并非一帆风顺。在霍金年轻的时候，他被诊断出患有一种罕见的神经系统疾病——肌萎缩侧索硬化症（ALS）。这种疾病逐渐剥夺了他的行动能力，使他全身瘫痪，甚至不能说话。尽管如此，霍金并没有放弃，他依然坚持自己的学术追求，用他的大脑继续探索宇宙的奥秘。霍金说过："无论生活如何艰难，你总有选择的权利。"他用自己的行动诠释了这句话。尽管身体受到严重限制，但他依然珍惜每一分每一秒，投身于科学研究中。他的成就不仅让人们对宇宙有了更深的理解，更激励了无数人面对困境时依然勇往直前。就像霍金一样，我们每个人都有可能面临各种挑战和困难。但是，如果我们能够珍惜时间，充分利用每一刻去学习、去成长，那么我们就能为自己创造更多的可能性。时间是最宝贵的资源，一旦流逝就无法挽回。所以，当下你不好好珍惜时间，努力学习提升自己，将来就可能会后悔错失了那些本可以用来成长和进步的时光。因此，让我们效仿霍金，珍惜现在的时间，努力学习提升自己，不仅是为了实现财务自由，更是为了实现灵魂的自由和内心的满足。不要等到将来后悔时才意识到时间的宝贵，而是从现在开始就把握住每一个学习的机会，让生命焕发出更多的光彩。

教育是一种慢的艺术，我们要给学生充足的时间和空间，让他们慢慢地体验，慢慢地长大，教育不是靠一节班会课能解决所有问题，但是我愿意尝试以使学生发生积极的改变。

四、点评

王老师设计的此次班会"时间都去哪儿了"，通过六个环节：热身活动、神奇的杯子（化学实验）、展示我们的一天、纸条与人生、清华学子的建议、齐声朗诵，通过展示学生、家长、老师一天的日程，让学生明白每个人都很忙，所以我们要珍惜在学校的学习时间，青春时光是最美好的，我们该好好珍惜青春时光。

第七章
家校合作与协同育人

07

在教育的广阔天地中，家庭、学校与社会是相互交织、互为支撑的三大支柱。家校合作，不仅是教育方式的革新，更是教育理念的提升。它象征着一种共同追求，即让每一个孩子都能在全方位、立体化的教育环境中茁壮成长。当今时代，"双减"政策的实施给教育领域带来了新的挑战与机遇，它要求我们重新审视家校之间的关系，探索协同育人的新路径。在此背景下，家校共同体的构建显得尤为重要。这不仅是一个简单的合作机制，更是一种深入骨髓的教育理念变革。它要求家庭与学校摒弃传统的各自为战的模式，转向相互协作、共同进退的新格局。通过有效沟通，家校之间能够增进相互理解，形成教育合力；家长参与，能够进一步激发家长对教育的热情，使他们成为孩子成长道路上的得力助手；而三位一体——家、校、社的协同育人，更是在"双减"政策背景下，为班主任提供了一种全新的育人方式，这种方式既能减轻学生的学业负担，又能促进学生的全面发展。因此，我们站在这个新的历史起点上，以家校共同体为新机制，携手共进，开启协同育人的新篇章。让我们在"双减"政策的指引下，不断探索、实践，为孩子们创造一个更加美好的教育环境，助力他们展翅高飞，成就未来。

第一节　家校共育：构建教育共同体

家校教育共同体是一个以促进学生全面发展为目标，由家庭和学校平等参与、共同承担责任，并通过协作和对话方式运作的教育组织形态。家校共育，如同精心编织的一张网，需要班主任巧妙穿梭其中，以沟通调研为起点，细心聆听家长与学生的心声，携手制定贴合学生成长的共育目标；再精心策划合作计划，将家庭、学校乃至社会的资源巧妙整合，共同为学生搭建起丰富多彩的成长舞台；最后，以细致的评估反馈收尾，不断调整教育策略，确保每一位学生都能在家校共同培育的温暖土壤中茁壮成长。这一过程，既体现了班主任的教育智慧，也凝聚了家长与学校的深情厚谊，共同绘制出一幅学生全面发展的美好画卷。在班主任的推动下，家校教育共同体建构得以完美实现，为学生的未来插上腾飞的翅膀。

一、沟通与调研

沟通调研，作为建构家校共育共同体的基石，其重要性不言而喻。在这一阶段，班主任的角色尤为关键，因为他们需要运用多种方式和手段与家长、学生进行深入而全面的交流，从而准确地把握双方的需求、期望和关注点。

家长沟通会是一个极为有效的平台，在这样的会议上，班主任不仅是组织者，更是引导者和倾听者。他们精心筹备，确保每一位家长都能参与其中，共同为孩子的教育问题发声。在会议上，班主任会详细介绍学校的教育理念、教学计划以及班级的管理情况，让家长对学校的教育环境有一个全面的了解。他们也会留出足够的时间，倾听家长们的意见和建议。这些来自一线的声音，往往能最直接地反映出家长们对孩子教育的期望和需求。

除了面对面的交流外，问卷调查也是一种广泛收集意见的有效手段。班主任会精心设计问卷，涵盖教育目标、教学方法、课外活动等多个方面，旨在全面了解家长和学生对于教育问题的看法。问卷的发放和回收都需要经过严格的流程，确保数据的真实性和有效性。通过对这些数据的深入分析，班主任可以更加准确地把握家长和学生的需求，为后续的教育工作提供有力的数据支持。

当然，对于一些特殊情况或问题，个别沟通则显得更为必要。这种沟通方式具有极高的针对性，能够帮助班主任深入了解个别学生的家庭背景、学习情况和心理状态。在这些个别的交流中，班主任需要有极高的耐心和细心，用心理解和感受每一位学生与家长的困惑和需求，这些宝贵的信息，将为后续的个性化教育提供有力的支持。

二、制定共育目标

在充分了解家长和学生的需求之后，接下来的关键步骤便是与家长共同制定切实可行的共育目标。这一过程并非一蹴而就，而是需要班主任与家长进行深入的探讨与协商，确保所制定的目标既符合学生的实际情况，又能体现家长和学校的共同期望。

班主任需要根据学生的年龄、兴趣和特长，以及家长的教育期望，来共同确定教育的方向。例如，对于小学生而言，基础知识和基本技能的培养是重中之重。因此，在制定共育目标时，应着重考虑如何帮助学生打好学习基础，培养良好的学习习惯。而对于中学生来说，他们正处于青春期，思维活跃，对新鲜事物充满好奇。因此，在制定教育目标时，班主任和家长应更加注重培养学生的创新思维和实践能力，鼓励他们在探索中不断成长。

在明确了教育方向之后，接下来便是设定具体的共育目标。这些目标可以是提高学生的学习成绩，也可以是培养良好的行为习惯，或者是增强团队协作能力等。但无论目标是什么，都需要确保它们具有针对性和实效性。为了实现这一目标，班主任和家长需要充分讨论与协商，共同制定出既符合学生实际情况又能体现双方期望的具体目标。

达成共识是制定共育目标过程中的关键环节，在制定目标的过程中，班主任需要与家长进行充分的讨论和协商，确保双方对目标有共同的理解和认同。只有双方达成共识，才能确保后续合作的顺利进行。为了达成这一共识，班主任需要充分发挥其专业知识和经验优势，为家长提供科学的指导和建议。家长也需要积极参与其中，提出意见和建议，共同为孩子的教育贡献力量。

三、制订合作计划

在制定了共育目标之后，接下来的重要步骤便是与家长携手制订具体的合作计划。这一环节对于家校共育的连贯性和有效性至关重要，因为它不仅涉及时间的规划，还包括任务的分配以及实施方式的选择。

时间安排是合作计划中的基石。班主任需要与家长紧密沟通，根据学生的学习进度、学校的整体教学计划以及家庭的实际情况，共同商定一个合理且可行的时间表。这个时间表要确保双方都能有足够的时间和精力投入家校共育的各个环节。例如，可以设定固定的家校互动时间，如每月一次的家长会，以及根据学习需要灵活安排的家访或在线交流时间。这样的时间安排既保证了沟通的连续性，又能适应不同家庭和学生个体的需求变化。

任务分配是合作计划中的关键环节。为了明确责任，确保共育目标的顺利实现，班主任和家长需要就各自承担的任务进行具体而明确的分配。班主任可以发挥其专业优势，提供教学资源的整合、学习方法的指导以及学生心理状态的关注等方面的支持。而家长则可以在家庭学习环境的营造、孩子学习习惯的培养以及情感支持等方面发挥重要作用。通过明确的任务分配，双方能够各司其职，形成有效的教育合力。

实施方式的选择也是合作计划中不可忽视的一部分。在现代科技的支持下，家校共育的实施方式变得更加多样化和便捷化。班主任可以与家长共同商讨，选择适合双方的实施方式。例如，可以利用网络平台进行日常的沟通和信息交流，通过在线教育工具辅助学生的学习，或者定期组织线下的家校互动活动等。选择合适的实施方式不仅能够提高家校共育的效果，还能够增强双方的参与感和满意度。

四、整合资源

在家校共育的过程中，资源的整合利用显得尤为重要。班主任作为这一过程的推动者和协调者，需要充分发挥主导作用，将家长资源、学校资源以及社会资源进行有效整合，从而为家校共育提供坚实的支持。

家长们来自不同的行业和背景，他们的专业知识和人生经验对于孩子们来说是一笔宝贵的财富。班主任应当积极与家长沟通，鼓励他们参与到学校教育中来。例如，可以定期邀请具有专业背景的家长走进课堂，与孩子们分享他们的职业经验和行业知识。这样的活动不仅能够拓宽孩子们的视野，还能够增强他们对不同职业的了解和兴趣。班主任还可以组织亲子活动，让家长和孩子们在共同参与的过程中增进感情，同时也能让家长更加了解和支持学校的教育工作。

学校拥有丰富的教育资源和师资力量，这些资源应当得到充分的利用。班主任可以与学校其他教师紧密合作，共同关注学生的全面发展。例如，可以邀请其他学科的教师参与到家校共育中来，为学生们提供更加多元化的学习体验。通过跨学科的学习和实践活动，学生们能够更全面地提升自己的综合素质。学校还可以提供各种设施和设备供学生们使用，如图书馆、实验室等，这些都能为家校共育提供有力的物质保障。

社会资源包括各类社区活动、志愿服务等，这些都能为学生们提供实践的机会和平台。班主任可以联合家长和学校共同挖掘这些社会资源，组织学生们参与其中。通过参与社会实践活动，学生们能够增强自己的社会责任感和实践能力，同时也能更加深入地了解社会现实和问题。这样的经历对于他们未来的成长和发展具有积极的影响。

五、评估与反馈

家校共育，如同精心栽培一棵树苗，需要阳光、雨露，更需要园丁的细心观察和不断调整。评估与反馈，便是这一过程中的重要环节，它们如同园丁的剪刀和养料，帮助树苗修剪枝丫，苗壮成长。

定期评估，如同对树苗生长情况的定期检查。班主任与家长携手，以专业的眼光审视学生的学业成绩、行为习惯以及社交能力。这一过程并非简单地打分或者评级，而是深入了解学生的内心世界，探寻他们的兴趣和潜能，发现他们的进步与困境。每一次评估，都是一次对学生的全面了解，也是一次对教育成果的检验。

评估之后，便是及时反馈的环节。这一环节如同园丁根据树苗的生长情况，及时施加养料或进行修剪。班主任与家长共同分析评估结果，对学生的进步和优点给予充分的肯定与鼓励，这如同阳光和雨露，滋润着学生的心田，让他们自信而坚定地成长。对于学生的不足和问题，双方也会提出具体的改进建议，这如同园丁的修剪，帮助学生去掉多余的枝丫，更好地向上成长。

然而，家校共育并非一成不变。随着学生的成长和变化，班主任需要与家长紧密合作，适时调整共育策略。这如同园丁根据季节和天气的变化，调整浇水和施肥的频率。针对学生的学习困难，班主任可以调整教学方法或提供额外的辅导，帮助他们突破困境，迎头赶上。针对学生的行为问题，班主任可以与家长加强沟通和合作，共同制定纠正措施，引导学生走上正确的道路。

在家校共育的道路上，评估与反馈是不可或缺的环节。它们如同指南针和风向标，指引着我们前行的方向，确保我们不会迷失在教育的海洋中。通过定期评估、及时反馈和调整策略，我们共同为学生营造了一个充满关爱和支持的成长环境。在这里，每一个学生都能找到自己的兴趣和方向，都能在阳光下自由生长，绽放出属于自己的光彩。

正如园丁精心照料每一棵树苗一样，我们在家校共育的道路上也倾注了无数的心血和汗水。当看到学生们苗壮成长、硕果累累时，所有的付出都化为了欣慰和满足。让我们继续努力，携手前行，在家校共育的道路上创造更多的奇迹和美好！

评估与反馈的过程也是家长和教师相互学习、共同进步的过程。每一次的沟通和交流，都让我们更加了解彼此的教育理念和方法，从而更好地配合和协作。

我们要明白评估与反馈并非目的而是手段。我们的最终目标是培养出健康、快乐、有理想、有责任感的新一代青年。为此，我们将不断探索和实践更加科学有效的家校共育方法，为学生们的未来奠定坚实的基础。愿我们携手努力共创美好未来！

第二节 有效沟通：增进家校相互理解

家校共育之道，在于班主任与家长之间建立起有效沟通的桥梁，通过尊重平等的对话、明确具体的信息传递、倾听与反馈的互动，共同梳理出定期家长会、家访、即时通信、网络平台等多元沟通方式，增进相互理解，形成教育合力，同时避免情绪化交流，注重语言艺术，关注个体差异，保持持续沟通，如此方能携手共创和谐教育环境，让孩子在双方的悉心培育下如树苗般茁壮成长，绽放出属于自己的光彩。这不仅是教育的责任，更是对孩子未来的美好期许，以心交心，共筑孩子成长的温暖港湾。

一、家校有效沟通的要求

在家校沟通中，班主任应以尊重与平等的态度，明确具体地传递信息，善于倾听并给予家长积极反馈，同时严格遵守保密原则并尊重家长意愿，以此建立有效的沟通，共同促进孩子的成长。

（一）尊重与平等

在家校沟通中，尊重与平等是建立有效沟通的基础。班主任与家长交流时，必须始终遵循这一原则，确保每位家长都感受到被尊重和重视。无论家长的社会地位、文化背景或受教育程度如何，班主任都应以平等的心态对待，避免出现任何形式的偏见或歧视。

尊重不仅体现在言语上，更体现在行动上。班主任应以诚恳和耐心的态度听取家长的意见与建议，不打断、不贬低，而是真正理解并尊重家长的观点和感受。尊重能够营造一种开放、包容的沟通氛围，让家长更加愿意分享自己的想法和需求，从而促进家校之间的深入合作。

（二）明确与具体

有效沟通要求班主任在传递信息时做到明确与具体。模糊或含糊的语言往往会导致误解和困惑，因此班主任应使用清晰、准确的语言来表达自己的意思。特别是在反馈学生的学习情况时，班主任应给出具体的分数、排名或进步情况，以便家长能够直观地了解孩子的表现。

明确与具体的信息传递不仅能够帮助家长更好地了解孩子在校的情况，还能够增强家长的信任感。当家长感受到班主任提供的信息是准确且可靠的时，他们会更加放心地将孩子交给学校，并更加积极地参与到家校共育中来。

（三）倾听与反馈

倾听是有效沟通的关键环节。班主任要善于倾听家长的想法和需求，真正理解并关注他们的关注点。在倾听过程中，班主任应保持专注和耐心，不打断家长的发言，而是通过点头、微笑等方式来表达自己的理解和支持。

当家长提出问题或建议时，班主任应认真思考并给出合理的解答或改进措施。反馈能够让家长感受到自己的意见被重视和采纳，从而增强他们的参与感和归属感。通过倾听与反馈，班主任和家长能够建立起一种互动、合作的关系，共同为孩子的成长提供支持。

（四）保密与尊重隐私

在家校沟通过程中，保密与尊重隐私是至关重要的。班主任应严格遵守保密原则，不泄露学生和家庭的隐私信息。这包括学生的个人信息、家庭状况、学习成绩等敏感内容。只有确保这些信息的安全性和私密性，才能赢得家长的信任和尊重。

班主任也要尊重家长的意愿和选择，在沟通过程中，不强迫或诱导家长做出决定，而是提供必要的信息和建议，让家长自主做出最适合自己孩子的选择。尊重能够增强家长的自主感和控制权，使他们更加积极地参与到家校共育中来。通过保密与尊重隐私，班主任和家长能够建立起一种基于信任和尊重的合作关系，共同为孩子的成长保驾护航。

二、家校有效沟通方式

借助定期家长会、家访、微信等即时通信工具以及网络平台等多元化沟通方式，班主任与家长能够实时、深入地交流学生的学习与生活情况，共同促进孩子的全面发展。

（一）定期家长会

定期家长会是家校沟通中不可或缺的一环。传统的面对面交流方式，为班主任和家长提供了一个深入讨论与分享的平台。在家长会上，班主任可以详细剖析学校的教育理念和教学计划，让家长对学校的教育方向有一个清晰的认识。另外，这也是展示孩子学习成果的机会，让家长亲眼看到孩子的进步和成长。

家长会不仅是单方面的信息传递，更是一个双向交流的过程。家长们可以借此机会提出自己的疑问和建议，与班主任共同探讨如何更好地配合学校教育，促进孩子的全面发展。

定期家长会还具有仪式感和庄重感，能够让家长感受到学校对孩子教育的重视。正式的交流场合，也有助于提升家长的教育责任感，使他们更加积极地参与到孩子的教育中来。

（二）家访

家访是班主任深入了解学生和家庭的有效途径。通过走进学生的家庭环境，班主任可以直观地感受到学生的生活状态和家庭氛围，这对于理解学生的性格、习惯和行为模式至关重要。

在家访过程中，班主任有机会与家长进行更为私密和深入的交谈。这不仅可以了解家长的教育观念和方法，还能发现学生在家庭环境中可能面临的挑战和机遇。通过家访，班主任可以更好地理解学生的成长背景，为学生在校期间的教育提供更加精准的指导和支持。

家访也是班主任展示关心和负责任态度的机会。它传递出一个明确的信息：教育不仅是学校的事情，更是需要家庭和学校共同努力的。通过家访，班主任可以建立起与家长之间更为紧密和信任的关系，为后续的家校合作奠定坚实基础。

（三）电话、社交软件等即时通信工具

在现代社会，电话、社交软件等即时通信工具已经成为人们日常生活中不可或缺的一部分，这些工具具有便捷、高效的特点，使得家校之间的沟通变得更加实时和灵活。

通过这些即时通信工具，班主任可以随时与家长保持联系，及时传递学生

的学习情况、学校通知等重要信息。即时的反馈机制，让家长能够第一时间了解到孩子的在校表现，从而更加主动地参与到孩子的教育中来。

这些即时通信工具也为家长提供了一个随时向班主任咨询和反馈的渠道。无论是关于孩子学习上的困惑，还是对学校活动的建议，家长都可以通过这些方式与班主任进行及时沟通。

（四）网络平台

随着互联网的普及和发展，网络平台在家校沟通中扮演着越来越重要的角色。通过建立班级群等方式，班主任和家长可以随时随地进行在线交流，分享孩子的学习进步和生活点滴。

网络平台不仅提供了一个便捷的沟通渠道，还丰富了家校交流的内容。家长们可以在平台上分享孩子在家中的学习情况、兴趣爱好以及成长中的小故事，让班主任更加全面地了解学生。班主任也可以在平台上发布教育资讯、教学计划等信息，让家长更加明确学校的教育方向和要求。

网络平台还具有匿名性和开放性等特点，使得一些较为敏感或难以面对面表达的话题得以坦诚交流。开放和包容的交流环境，有助于增进家校之间的信任和合作，共同为孩子的成长创造更加和谐与有利的条件。

三、家校有效沟通的注意事项

在家校沟通中，班主任和家长应避免情绪化沟通，注重语言艺术，同时关注学生的个体差异，并保持持续的交流，以此建立有效的个性化沟通，共同为孩子的全面成长提供有力支持。

（一）避免情绪化沟通

情绪化的沟通往往是家校交流中的一大障碍。当班主任或家长在沟通时带有强烈的情绪，就很容易引发冲突和误解，这不仅会破坏双方的合作关系，还会影响到对孩子的教育效果。因此，在沟通时，双方都应努力保持冷静和理性。

对于班主任来说，无论遇到什么情况，都应尽量控制自己的情绪，避免因情绪激动而说出不当的话语。在遇到家长的质疑或指责时，班主任应耐心倾听，理解家长的担忧和期望，然后以平和的语气给予回应。这样不仅能够化解紧张的气氛，还能够让家长感受到班主任的专业素养和责任心。

同样，家长在与班主任沟通时，也应避免情绪化的表达。如果家长对学校的某些做法或孩子的学习情况感到不满，可以客观地陈述观点和感受，但不应过于激动或采取攻击性的言辞。通过平和、理性的交流，家长和班主任可以共同寻找解决问题的方法，从而更好地促进孩子的成长。

为了避免情绪化沟通，双方还可以在沟通前进行深呼吸、放松身心等准备活动，帮助自己调整到最佳状态。学会换位思考也是非常重要的，试着从对方的角度去理解问题，这样有助于减少误解和冲突。

（二）注重语言艺术

语言是沟通的桥梁，也是情感的载体。在家校沟通中，班主任的语言艺术尤为重要。恰当、得体的语言能够让家长感受到尊重和温暖，从而更加积极地配合学校的教育工作。

班主任在与家长交流时，应注重使用礼貌、亲切的语言。对于家长的询问或建议，班主任应以友好的态度给予回应，让家长感受到学校的关心和支持。班主任还应避免使用过于生硬、冷漠或攻击性的言辞，以免引起家长的反感和抵触。

除了语言本身的内容外，班主任的语速、语调和音量也是影响沟通效果的重要因素。适中的语速能够让家长有足够的时间消化和理解信息；柔和的语调能够营造轻松、愉快的交流氛围；适当的音量则能够确保信息的清晰传递。

为了提高语言艺术水平，班主任可以定期进行相关培训或阅读相关书籍来提升自己的沟通技巧。班主任还可以在日常工作中多加实践和总结，不断改进自己的语言表达方式。

（三）关注个体差异

每个学生和家庭都有其独特性和差异性，这就要求班主任在与家长沟通时不能采取"一刀切"的方式。关注个体差异意味着班主任需要因材施教、因家施策，为每个学生和家庭提供个性化的教育建议与支持。

为了实现这一目标，班主任首先需要深入了解学生的家庭背景、成长经历和学习情况。通过与家长的深入交流以及对学生的细致观察，班主任可以更加准确地把握学生的特点和需求。

在了解个体差异的基础上，班主任应根据学生的实际情况制订个性化的教育方案。对于学习成绩优异的学生，班主任可以与家长共同探讨如何进一步拓展孩子的视野和思维；对于学习困难的学生，班主任则需要与家长一起寻找提升孩子学习兴趣和自信心的方法。

班主任还应关注家庭的独特需求，例如，对于单亲家庭或经济困难的家庭，班主任可以给予更多的关心和帮助；对于对孩子教育期望过高的家长，班主任则可以适当引导其调整心态和期望值。

（四）保持持续沟通

家校共育是一个长期且持续的过程，需要班主任和家长保持紧密的沟通与合作。双方应定期交流孩子的学习情况、生活状况以及心理动态等信息，以便及时发现问题并共同寻求解决方案。

为了实现持续沟通的目标，班主任可以采取多种方式与家长保持联系。除了传统的家访和电话沟通外，班主任还可以利用现代科技手段，如微信群、QQ群等网络平台与家长进行实时互动。这些方式不仅能够提高沟通的效率和便捷性，还能够让家长更加直观地了解孩子在校的表现和进步。

班主任还应鼓励家长主动参与到孩子的教育中来，通过组织家长会、亲子活动等方式增进家校之间的了解和信任；邀请家长参与到学校的教学计划和活动策划中来，让家长成为学校教育的有力支持者。

第三节　家长参与：激发家长教育热情

家校共育，激发家长教育热情，共筑孩子成长之路。家长们以家委会为桥梁，积极参与学校活动，身体力行地支持教育；他们通过家长课堂汲取新知，更新育人观念，为孩子的教育添砖加瓦；在学校开放日，家长们直观感受孩子的学习环境，全面了解学校教育，与孩子共成长。他们的每一个行动，都饱含着对孩子未来的殷切期望和对教育的无限热情。在这条共育之路上，家长们与学校携手同行，用爱心和智慧共同描绘出孩子们绚丽多彩的未来，铸就他们辉煌的明天。这样的教育合力，如同璀璨的星光，照亮孩子们前行的道路，引领他们迈向更加广阔的世界。

一、家长的定位与职责

在家校共育体系中，家长的地位是不可替代的。他们既是孩子成长的陪伴者，也是孩子教育的重要参与者。家长在孩子教育过程中的角色定位及所承担的职责，对于孩子的全面发展具有深远的影响。

（一）家长的角色定位

1. 孩子的第一任教育者

家长是孩子的第一任教育者，从孩子出生的那一刻起，就开始了对孩子的教育和影响。家长的言传身教、家庭氛围的营造等，都在潜移默化地影响着孩子的成长。在孩子的心智发展初期，家长的教育方式和态度往往决定了孩子的性格基础与学习习惯。

2. 价值观的塑造者

家庭是孩子形成价值观的重要场所。家长的价值观、道德观和人生观会直接影响孩子的认知与行为模式。家长通过日常生活中的点滴教导，帮助孩子建立起对世界的初步认识，形成积极向上的价值观。

3. 情感支持的提供者

家长是孩子最亲近的人，他们的情感支持对孩子来说至关重要。在孩子面临困难和挑战时，家长的理解和鼓励是孩子重拾信心、勇往直前的动力源泉。

4. 学校教育的合作者

家长需要与学校和班主任紧密合作，共同促进孩子的全面发展。家长要了解学校的教育理念和教学计划，积极参与学校组织的各项活动，与学校和班主任形成良好的教育合力。

（二）家长的职责

1. 提供稳定的家庭环境

稳定、和谐的家庭环境是孩子健康成长的基础。家长需要努力营造充满爱、理解和尊重的家庭氛围，让孩子在温馨的家庭环境中快乐成长。家长还需要注意家庭环境的整洁和安全，确保孩子的生活和学习环境舒适、有序。

2. 积极参与孩子的学习过程

家长需要密切关注孩子的学习情况，与孩子共同制订学习计划，并监督孩子按时完成作业。家长还可以与孩子一起讨论学习内容，引导孩子深入思考，拓展知识面。通过与孩子共同学习，家长不仅可以了解孩子的学习进度和难点，还能增进与孩子的情感交流。

3. 培养孩子的独立性和责任感

家长需要逐步引导孩子学会独立生活和学习，培养孩子的自主能力和责任感。在日常生活中，家长可以让孩子承担一些力所能及的家务劳动，教育孩子学会自我管理和时间规划。家长还需要鼓励孩子积极参加社会实践活动，锻炼孩子的社交能力和团队协作精神。

4. 与班主任保持定期沟通

家长需要与班主任保持密切联系，及时了解孩子在校的表现和学习情况。通过与班主任的沟通，家长可以更加全面地了解孩子的成长状况，共同解决孩子在教育过程中遇到的问题。家长还可以向班主任反馈孩子在家的表现，以便班主任更好地了解孩子，提供个性化的教育指导。

二、家长参与家校合作的方式

通过家委会的桥梁作用、志愿者活动的深度参与、家长课堂的知识更新以及学校开放日的全面了解，家长们能够激发教育热情，更积极地与学校合作，共同助力孩子的全面发展。

（一）家委会：积极参与，共筑家校桥梁

家委会，作为家校之间的重要桥梁，其成员由一群热心且富有责任心的家长组成。他们不仅负责收集和传达家长们的意见与建议，确保家校之间的沟通畅通无阻，还积极参与到学校的教育管理中来，为提升教育质量出谋划策。

家委会成员通过定期召开会议，讨论学校的相关政策和活动安排，为家长们提供一个表达意见和建议的平台。参与式的管理方式，不仅增强了家长们对学校工作的理解和支持，还激发了他们更深层次的教育热情。

家委会还会组织各类亲子活动，如亲子运动会、文化节等。这些活动为家长们提供了与孩子共度欢乐时光的机会，让他们能够更深入地了解孩子在学校的表现和成长。通过这些活动的筹备和实施，家长们的教育热情得到了极大的提升，他们更加愿意为孩子的教育投入时间和精力。

（二）志愿者：身体力行，参与学校活动

家长志愿者活动是家校合作的生动体现。许多家长利用业余时间，积极参与到学校的各种志愿者活动中来，以实际行动支持孩子的教育。他们在图书馆整理书籍、协助维持学校秩序、为大型活动提供必要的帮助等，这些看似微小的贡献，却为孩子的教育环境注入了温暖和力量。

通过亲身参与志愿者活动，家长们不仅能够更直观地了解学校的教育环境和教育理念，还能为孩子树立一个积极向上的榜样。他们在活动中表现出的责任心和奉献精神，无形中激励着孩子更加珍惜学习机会、努力成长。

亲身参与的方式也让家长们更加感激教育工作者的辛勤付出，激发了家长们的教育热情，他们在活动中与教师们深入交流、密切合作，共同为孩子的教育贡献力量。

（三）家长课堂：汲取知识，更新育人观念

家长课堂为家长们提供了一个难得的学习机会。学校定期邀请教育专家或资深教师为家长们开设讲座或工作坊，传授最新的教育理念和方法。通过这些

课程的学习，家长们不仅能够及时更新教育观念，还能够掌握更多实用的育儿技巧和方法。

在家长课堂上，家长们聚精会神地聆听专家的讲解，认真记录笔记，积极参与讨论。他们在交流中分享育儿经验和心得，也向其他家长寻求帮助和建议。这种互动和交流的氛围不仅增进了家长之间的了解与友谊，还让家校合作更加紧密和深入。

通过学习，家长们逐渐认识到自己在孩子教育中的重要作用。他们开始更加关注孩子的成长需求和心理变化，努力为孩子创造一个更加和谐、有利于成长的家庭环境。他们也学会了如何与孩子进行有效沟通、如何引导孩子形成正确的价值观和人生观。

（四）学校开放日：直观感受，全面了解孩子

学校开放日是家长们全面了解学校教育和孩子学习情况的最佳时机，在这一天，学校会向家长们全面展示课堂教学、学生作品以及学校设施等各个方面的情况。家长们可以走进课堂，亲身感受孩子们的学习环境；可以参观学校的各种功能室和活动场所，了解学校的硬件设施和资源配置；还可以与教师和学生进行面对面的交流，深入了解学校的教育理念和教学成果。

通过学校开放日活动，家长们能够直观地看到孩子在学校的学习和生活状态，从而更加有针对性地给予孩子支持和帮助。他们在活动中与孩子共同体验学习的乐趣、感受成长的快乐，亲密无间的互动方式让家校之间的关系更加紧密和融洽。

学校开放日活动也让家长们对学校的工作有了更加全面和深入的了解。他们不仅看到了学校在教育方面所做出的努力和成果，还感受到了学校对每一个孩子的关注和重视。这种了解和认可进一步激发了家长们的教育热情，让他们更加积极地参与到家校合作中来，共同为孩子的全面发展贡献力量。

第四节　三位一体：家、校、社协同育人

家庭、学校、社会，三位一体，如同三根坚实的支柱，共同撑起孩子成长的蓝天。家庭是温馨的港湾，用亲情浇灌孩子的心灵，孕育品德之根；学校是知识的殿堂，以智慧之光照亮孩子的未来，塑造才华之魂；社会是广阔的舞台，提供实践的土壤，让孩子在实践中茁壮成长，锻造能力之躯。三者相互补充，相互渗透，以各自独特的育人资源和方式，共同构建一个全面、优质的育人环境，如同巧夺天工的匠人，精心雕琢出一块块璀璨的璞玉。在这样的环境中，孩子们如同小树苗般茁壮成长，绽放出属于自己的光彩，迈向辉煌的未来。家、校、社协同育人，铸就明日之星，点亮希望之光！

一、"三位一体"协同育人的"家、校、社"定位作用

家庭、学校、社会在孩子成长过程中各自扮演着重要角色，家庭提供情感支持和基本生活技能培养，学校负责系统知识和综合素质教育，社会则提供实践机会与职业发展指导，三者协同育人，共同促进孩子的全面发展。

（一）家庭的定位作用

家庭，这个温馨的港湾，是孩子成长的起点和归宿。作为孩子最早接触的教育环境，家庭对于塑造孩子的性格、习惯和价值观起着至关重要的作用。家庭教育，以亲情为纽带，贯穿孩子成长的每一个阶段，其影响力深远而持久。

首先，家庭是孩子情感的依托。在家庭中，孩子能够感受到来自父母的关爱和支持，这种情感支持对于孩子的心理健康和成长至关重要。一个温馨、和谐的家庭环境能够让孩子产生安全感，从而更加自信、勇敢地面对生活中的挑战。

其次，家庭是孩子生活技能的摇篮。在日常生活中，孩子通过观察、模仿

和实践，逐渐掌握基本的生活技能，如自理能力、家务劳动等。这些技能的培养不仅有助于孩子独立生活，还能培养他们的责任感和勤劳品质。

最后，家庭是孩子社会责任感的培育基地。家长通过日常生活中的点滴教导，让孩子明白作为社会成员的责任和义务。家庭教育中的感恩教育、公德教育等，都有助于孩子形成正确的价值观和道德观，从而成为有社会责任感的人。

在协同育人中，家庭的基础性作用不容忽视。家长应积极参与孩子的教育过程，与学校和班主任保持密切沟通，共同制订教育计划。通过家庭、学校和社会的共同努力，促进孩子全面发展，培养出既有知识技能，又有良好品德的优秀人才。

为了更好地发挥家庭在协同育人中的作用，家长需要不断提升自身的教育水平和育儿能力。可以通过参加家长学校、阅读育儿书籍、与其他家长交流等方式，不断学习和进步。家长还应关注孩子的心理需求和成长变化，及时调整教育方式和方法，以适应孩子不同成长阶段的需求。

（二）学校的定位作用

学校，作为系统传授知识和技能的重要场所，在孩子的成长过程中扮演着举足轻重的角色。学校教育不仅具有专业性、系统性和针对性，还能够为孩子提供全面的知识体系、科学的学习方法和丰富的社交经验，为他们的未来发展奠定坚实的基础。

在协同育人中，学校发挥着主导作用。学校通过提供优质的教育资源和教学服务，帮助孩子系统地学习各类知识，掌握必要的技能。学校还注重培养孩子的综合素质，如思维能力、创新能力、团队协作能力等，以应对未来社会的挑战。

班主任作为学校教育的代表，扮演着举足轻重的角色。他们深入了解每个孩子的特点和需求，关注孩子的个性发展，提供有针对性的指导和帮助。班主任还与家长和社会保持紧密联系，及时沟通孩子的学习情况和成长变化，协调各方资源，共同促进孩子的成长。

除了知识传授和技能训练外，学校还承担着德育的重要任务。通过开展各种德育活动和校园文化建设，学校引导孩子树立正确的价值观和道德观，培养他们的爱国情怀和社会责任感。这些德育成果将在孩子未来的生活和工作中发挥积极作用。

为了更好地发挥学校在协同育人中的作用，需要不断加强师资队伍建设，提高教师的教学水平和育人能力。学校还应积极探索教育教学改革，创新教育模式和方法，以适应时代发展的需求。加强与家庭和社会的联系与合作也是学校发展的重要方向，共同为孩子的成长创造更加良好的环境。

（三）社会的定位作用

社会，这个广阔而复杂的环境，是孩子成长道路上不可或缺的一部分。它既是检验孩子成长成果的大舞台，也是塑造孩子未来生活和工作的主要环境。社会教育以其广泛性、多样性和实践性的特点，在孩子成长过程中发挥着独特而重要的作用。

社会为孩子提供了真实的生活场景和实践机会，在社会这个大熔炉中，孩子能够接触到各种各样的人和事，学会如何与人交往、如何处理复杂的社会关系。这些实践经验对于孩子的成长至关重要，能够帮助他们更好地适应未来社会的生活和工作。

社会还能够为孩子提供职业发展指导，随着社会的快速发展和职业种类的不断增加，孩子需要了解各种职业的特点和要求，以便做出适合自己的职业规划。社会各界可以通过开展职业教育、提供实习机会等方式，帮助孩子了解职业世界，提升自己的职业素养和能力。

在协同育人中，社会应发挥其辅助和拓展作用。社会各界应积极参与教育事业，与学校和家庭形成合力，共同培养孩子的社会责任感和公民意识。通过参与社会实践活动、志愿服务等公益活动，孩子能够更加深入地了解社会问题和现实挑战，从而培养他们的社会责任感和公民意识。

为了更好地发挥社会在协同育人中的作用，需要不断加强社会教育资源的整合和利用。政府、企业和社会组织等各方应共同努力，为孩子提供更多的实践机会和职业发展指导，还应加强社会教育与学校教育和家庭教育的衔接与配合，形成全方位、多层次的教育体系，共同促进孩子的全面发展。

二、家、校、社"三位一体"协同育人的互动机制

家、校、社在协同育人中相互补充与配合，通过各自独特的育人资源和方式，共同构建一个优质的育人环境，以促进孩子的全面发展。

（一）家、校、社育人资源的互补性

在协同育人的大框架下，家庭、学校和社会各自拥有独特的育人资源，这些资源在相互配合中形成了有力的互补。

家庭是孩子成长的摇篮，它提供了最初的情感教育和道德教育。家长通过自己的言传身教，培养孩子的基本道德规范、生活习惯以及初步的社交技能。这些资源是学校教育无法替代的，为孩子的个性发展和情感培养奠定了基础。

学校则以其系统性和专业性的教育资源见长。学校教育为孩子提供了全面的知识体系和科学的学习方法，通过专业的教师团队和丰富的教学设施，系统地培养孩子的认知能力、创新思维和团队协作能力。这些资源是家庭教育所缺乏的，对于提升孩子的综合素养至关重要。

社会则提供了广阔的实践平台和职业发展资源。通过社会实践、志愿服务等活动，孩子能够接触真实的社会环境，了解职业发展的多元路径，从而培养自己的社会责任感和实践能力。这些资源既是对家庭教育和学校教育的有力补充，也是孩子全面发展的重要支撑。

（二）家、校、社育人方式的差异性

家庭、学校和社会在协同育人中，虽然目标一致，但各自的育人方式却存在显著差异。

家庭教育更注重个性化和情感化的教育方式。家长通过与孩子的日常互动，深入了解孩子的性格特点和需求，从而进行有针对性的教育和引导。此种教育方式更加灵活和贴近孩子的实际需求，有助于培养孩子的自尊、自信和自爱。

学校教育则更侧重于系统化和标准化的教学方式。学校通过制定统一的教学计划和课程标准，确保每个孩子都能接受到全面而系统的知识教育。

社会教育则更加注重实践性和体验性的教育方式，社会通过提供各种实践机会和职业发展资源，让孩子在亲身体验中学习和成长。

尽管家、校、社的育人方式不同，但它们之间并不是相互排斥的，而是可以相互借鉴和融合的。通过协同合作，家、校、社可以共同探索更加全面和多元的育人方式，以满足孩子不同成长阶段的需求。

（三）家、校、社三者共建优质育人环境

在协同育人的过程中，家庭、学校和社会需要共同努力，共建一个优质的育人环境。

首先，家庭应营造一个温馨、和谐且有利于孩子成长的环境。家长应积极参与孩子的教育过程，关注孩子的心理需求和成长变化，为他们提供必要的支持和引导。家长还应与学校和班主任保持密切沟通，了解孩子在学校和社会中的表现，以便及时调整教育方式和方法。

其次，学校应致力于提供一个安全、有序且富有创新精神的校园环境。学校应加强校园文化建设，开展丰富多彩的德育活动和社团活动，激发孩子的学习兴趣和创新精神。学校还应加强与家庭和社会的联系与合作，共同为孩子的成长创造更加良好的条件。

最后，社会应营造一个积极、健康且充满正能量的社会环境。社会各界应关注青少年的成长问题，为他们提供更多的实践机会和职业发展指导。社会还应加强对青少年活动的监管和引导，确保他们在健康、安全的环境中成长。

通过家、校、社的共同努力和协作配合，我们可以为孩子打造一个更加全面、优质的育人环境，为他们的全面发展提供有力保障。

附：

老师与家长同读《特别狠心特别爱》
——家校合作教育案例

一、案例叙述

2016年9月，在一次家长会中，我向深圳市第二高级中学高一（2）班的家长们推荐了一本名为《特别狠心特别爱》的教育书籍，并提议家长们与自己一起阅读，共同探讨如何更好地教育孩子。活动的目的是让家长和学校一起共同学习育儿经验，提高家长的教育水平。

发起这个活动的缘起是小君是我班的学生，性格内向，在学校里很少主动与同学交流，学习成绩也不太理想，我在与小君的多次交流中，发现他对学习缺乏兴趣和自信，而且家庭环境对他的影响较大。小君的父母工作繁忙，平时与孩子交流较少，对他的学习和生活关心不够。为了帮助小君，我决定与家长进行深入沟通。通过电话我向家长详细介绍了小君在学校的表现和存在的问题，家长意识到家庭环境和家庭教育对孩子成长的重要性，但是苦于没有育儿方法。于是，我发起了共同阅读《特别狠心特别爱》活动。我与家长们约定好每周抽出一定的时间来阅读这本书，并分享彼此的感悟和体会。

在阅读过程中，家长们逐渐认识到自己过去教育方式的不足，书中提到的"特别爱"是要给予孩子足够的关爱和理解，而"特别狠"并非严厉的打骂，而是在必要时要有原则地引导孩子。我也根据书中的理念，在学校里更加关注孩子们的优点和进步，及时给予鼓励和肯定。同时，我与家长们保持密切沟通，让家长们了解孩子在学校的表现，共同制订适合孩子的教育计划。一段时间后，家长们的教育方式有了明显的改变。他们开始花更多时间陪伴孩子，耐心倾听孩子的想法，与孩子建立了良好的沟通和信任关系。孩子们感受到了家长的关爱和期望，在学校的表现也逐渐好转，变得更加遵守纪律，对学习的积极性也有所提高。

同读这本书后，小君的父母开始反思自己的教育方式。他们意识到，他们对小君的爱，可能变成了一种压力，让小君感到害怕和紧张。他们决定改变教育方式，尝试用更温和、更理解的方式来教育小君。小君的父母不再对小君的学习进行严格的监督，他们开始鼓励小君，让他有更多的自主学习时间。他们也会更加理解和接纳小君的情绪，不再因为学习成绩而责备他。这样的改变，让小君的学习环境变得更加轻松和愉快，他的成绩也开始有了明显的提高。他变得更加开朗，也更加喜欢学习。

很多家长都对同读《特别狠心特别爱》活动赞不绝口，其中有一位家长陈爸表现出了浓厚的兴趣，他的孩子在学校比较调皮捣蛋，学习成绩也不太理想。这位家长平时工作繁忙，与孩子的沟通较少，对孩子的教育方式也比较简单粗暴，看了这本书后，他的教育方式发生了很大转变。很多家长都表示读了这本书后收获满满，希望我以后多组织类似的活动。

二、案例反思

这次共同阅读活动是一次成功的家校共育实践。首先，我通过有效的沟通方式成功地吸引了家长的参与。其次，活动的设计充分考虑了家长们的需求，既满足了家长们的阅读兴趣，又让家长们有机会了解和参与孩子的学习过程。最后，活动的反馈机制也让家长们有机会表达自己的感受，这对于进一步优化家校共育工作具有重要的参考价值。活动具体反思如下。

第一，书籍的引导作用。《特别狠心特别爱》这本书为老师和家长提供了共同的教育理念与方法，促进了双方在教育孩子方面达成共识和合作。

第二，加强了家校沟通。老师和家长通过共同阅读与交流，增进了彼此的了解，能够更全面地掌握孩子的情况，及时调整教育策略。

第三，家长的转变。家长意识到自身教育方式的问题并愿意做出改变，这对孩子的成长起到了关键作用。说明家长的参与和学习对于孩子的教育至关重要。

第四，教师的指导与配合。老师在学校给予孩子特别的关注和鼓励，与家长的教育形成互补，共同促进孩子的进步。

第五，持续学习的重要性。教育是一个不断发展和变化的过程，老师和家长都需要不断学习新的教育理念与方法，以适应孩子的成长需求。

通过共同阅读《特别狠心特别爱》这本书，我发现沟通是家校共育的基础。在这个案例中，我通过及时、有效的沟通，让家长了解了孩子在学校的真实情况，认识到了家庭教育的重要性，从而愿意积极配合学校的教育工作。同时，家长也向我反馈了孩子在家的表现，为我制订教育计划提供了重要的参考。

共同制订教育计划是关键，家校双方根据孩子的具体情况，共同制订了个性化的教育计划，明确了各自的责任和任务。这种针对性的教育措施能够更好地满足孩子的需求，提高教育效果。持续地关注和鼓励是保障，在实施教育计划的过程中，家校双方都要对孩子保持持续地关注和鼓励，及时发现问题并调整教育策略。只有这样，才能让孩子在成长的道路上不断进步。

虽然共同阅读一本书取得了一定的效果，但每个孩子都是独特的，还需要根据孩子的个体差异，灵活运用书中的方法，并结合实际情况进行针对性的教育。

逐梦高三，破浪前行
——家校共育主题活动案例

一、活动方案

（一）活动背景

随着高三生活的临近，学生们即将迎来人生中的又一重要阶段。为了加强家校共育，增进师生和家长之间的沟通与互动，提升高三学生的团队凝聚力和学习动力，我们特别策划了此次"师生家长共同去海边进行高三入学宣誓活动"。通过这次活动，师生和家长之间的关系得到了显著改善。学生们在海边的宣誓仪式中体验到了进入高三的责任感和紧迫感，家长们也更加明白学校教育的努力和期望。互动环节提升了家长对孩子的理解和支持，同学们也因家长的参与而更有动力。

（二）活动目标

1. 激发高三学生的学习热情和斗志，明确高考目标，增强自信心。

2. 促进师生、家长之间的沟通与交流，增强家校之间的联系与合作，形成教育合力。

3. 通过集体宣誓，培养坚韧不拔的精神，提升学生的团队精神和集体荣誉感。

（三）活动计划

活动时间：2017年7月9日。

活动地点：惠州市巽寮湾海滩。

参与人员：高三全体师生及家长。

（四）活动准备

1. 提前与家长沟通活动意义，邀请他们参加。

2. 准备宣誓誓言，由学生代表和老师共同起草，并经全体师生家长同意。

3. 安排交通，确保参与者的安全。

4. 准备必要的物资，如音响设备、横幅、标语、安全设备等。

5. 制定详细的活动流程和安全预案。

（五）活动流程

1. 集合出发：师生家长们在约定地点集合，按照事先规划好的路线统一出发。

2. 到达目的地：抵达海边后，由工作人员指引大家到指定位置集中。

3. 开幕致辞：班主任或学校领导简短致辞，介绍活动目的，强调家校合作的重要性。

4. 宣誓仪式：学生代表领誓，全体学生宣读誓言，家长和老师作为见证人，增强仪式感。

5. 亲海活动：宣誓后，组织一系列亲子互动游戏，增进家长与孩子之间的情感交流。

6. 自由互动：提供时间让师生家长自由交流，老师可以与家长讨论学生学习问题，家长之间也可以分享教育心得。

7. 合影留念：活动的最后，大家一起合影留念，记录这次有意义的活动。

8. 返回：确保人员安全上车，按原路返回集合地点。

（六）具体活动过程

活动当天，师生和家长准时集合，在轻松愉快的氛围中乘坐大巴前往海滩。到达海滩后，大家迅速投入习建活动中，沙滩上充满了欢声笑语。在热身游戏中，师生、家长相互协作，展现了良好的团队精神。在团建活动中，各组同学充分发挥创意和团队协作能力，完成了一个个精美的沙雕作品和有趣的团队拓展游戏。

宣誓仪式环节，全体师生家长围坐成一个大圈，共同见证了这一庄严的时刻。学生代表和家长代表分别发言，表达了对高三学习的期待和决心。在主持人的带领下，全体师生家长共同宣读誓词，承诺为高三学习付出努力。这一刻，大家的脸上都洋溢着坚定的信念和决心。

宣誓仪式结束后，师生家长自由活动。他们有的在沙滩上漫步，有的在海里畅游，有的则聚在一起聊天。在这片广阔的海滩上，大家仿佛都找到了自己的小天地。

最后，全体人员集合进行总结和表彰。班主任对活动进行了简短的总结，并表彰了在团建活动中表现优秀的团队和个人。在一片欢声笑语中，大家乘坐大巴返回了学校。

二、活动效果

此次活动取得了圆满成功，达到了预期的效果。通过活动，师生、家长之间的联系更加紧密了，彼此之间的了解也更加深入了。同时，学生的团队精神和集体荣誉感得到了提升，他们对高三学习的期待和决心也更加坚定了。家长们也纷纷表示，这次活动让他们更加了解孩子们的学习生活，也让他们更加坚定了支持孩子们学习的决心。

三、活动反思

通过此次活动，我们了解到，家校共育不仅在于举办一次次的活动，更重要的是建立长期有效的沟通平台和合作机制，实现教育资源的共享和教育理念的共融，共同促进学生的全面发展。在未来的活动中，我们将继续优化方案，注重实效，加强评估，以期构建更加和谐的家校关系。虽然活动取得了圆满成功，但也存在一些不足之处。在反思中，我们认识到活动成功的关键是事前的详细规划和沟通。首先，在活动准备过程中，有些细节考虑不够周到，如游戏道具的准备不够充分等。这需要在今后的活动中加以改进。其次，在活动过程中，有些环节的时间安排不够合理，导致部分活动没有充分展开。在今后的活动中，我们需要更加合理地安排时间，确保每个环节都能得到充分展示。最后，在活动结束后，我们没有及时对活动进行总结和反思，这不利于我们从中汲取经验教训并改进今后的活动。因此，在今后的活动中，我们需要加强总结和反思，以便更好地提升活动效果。

第八章

班主任的成长路径

08

在教育的浩瀚海洋中，班主任都是一艘航船，他们不仅引领着学生在知识的海洋里遨游，更在教育的征途上不断探寻、成长。本章将为我们揭示这些教育领航者的成长路径，那是一条充满挑战与机遇的旅程。在这条道路上，持续学习是他们的坚实基石。教育理念的不断更新，专业素养的稳步提升，都源于他们对知识的渴求和对教育的热爱。他们深知，只有不断学习，才能紧跟时代的步伐，为学生的未来奠定更坚实的基础。而实践反思，则是他们智慧的源泉。每一次的教学实践，都是一次全新的探索。他们从经验中汲取教育智慧，反思教学过程中的得失，不断调整和完善自己的教学方法。正是这种勇于实践、善于反思的精神，让他们在教育的道路上越走越宽广。与同行交流为他们搭建了一个共享教育资源与经验的平台。在这里，他们畅所欲言，分享彼此的见解与心得，共同为提升教育质量而努力。开放与包容的氛围，不仅促进了他们的专业成长，更让整个教育行业焕发出勃勃生机。最后，薪火传承体现了他们的责任与担当。作为资深班主任，他们不仅致力于自己的成长，更肩负着培养新一代教师的重任。他们传帮带年轻教师，将自己的经验与智慧倾囊相授，为教育事业的持续发展注入了源源不断的活力。接下来，让我们一同踏上这段探寻班主任成长路径的旅程，感受他们的智慧与担当，共同为美好的教育事业贡献力量。

第一节　持续学习：不断更新教育理念 提升专业素养

班主任在教育的征途上，以持续学习为桨，通过定期参与教育培训、深入阅读教育经典、观摩同仁教学风采、利用网络教育资源、投身教育研究项目，并不断自我反思与总结，从而不断更新教育理念、提升专业素养。他们像勇敢的航海家，在知识的海洋中探索前行，不仅汲取新知，更在每一次的学习和实践中锤炼教学技艺，丰富教育智慧。他们以卓越的专业素养和不断进取的精神，引领学生在知识的航道上扬帆远航，共同驶向广阔无垠的未来，铸就教育事业的辉煌篇章。

一、定期参加教育培训与研讨会

教育培训和研讨会，对于班主任而言，不仅是简单的参与和学习，更是一场场思想的盛宴和专业的提升之旅。在这个快速变化的时代，教育理念和教学方法的更新换代愈发迅速，而定期参加教育培训与研讨会则成为班主任紧跟时代步伐、不断提升自身专业素养的必由之路。

在这些活动中，班主任有机会接触到最前沿的教育理论和实践。无论是新兴的教育理念，还是创新的教学方法，都能在这些培训和研讨会中得到深入的探讨与分享。这不仅能够帮助班主任及时了解并掌握最新的教育动态，更能够激发他们的创新思维，为教学实践注入新的活力。

随着社会的不断发展，教育政策也在不断地调整和优化。通过参加这些活动，班主任可以第一时间了解到政策的变化，从而更好地指导自己的教学实践，确保教育工作的合规性和有效性。

与同行的交流和讨论也是教育培训与研讨会不可忽视的一环，在这些活动中，班主任们可以分享彼此的教学经验和心得，共同探讨和解决教育过程中遇到的问题。互动和交流不仅能够开阔班主任的思路，更能够激发他们的创新灵感，为教学实践提供更多的可能性。

为了确保学习的效果，班主任在选择教育培训和研讨会时，必须注重其专业性和权威性。只有高质量的活动，才能提供有价值的信息和经验。参加后要及时总结所学，将新知识、新理念真正融入自己的教学实践中。这不仅是对自己学习的负责，更是对学生和教育事业的负责。

在这个知识爆炸的时代，持续学习已经成为每个人不可或缺的能力。而对于班主任来说，定期参加教育培训与研讨会则是他们保持专业素养、提升教育水平的重要途径。

二、阅读教育类书籍与期刊

在教育的世界里，阅读是获取知识、提升专业素养的重要途径。对于班主任而言，定期浏览和阅读教育类的书籍、期刊以及最新的教育研究报告，更是他们职业生涯中不可或缺的一部分。

教育类的书籍和期刊中，蕴含着丰富的教育理论和实践案例，这些资料不仅记录了前人的教育智慧，还展示了当代教育者的创新实践。通过阅读，班主任可以深入了解各种教育理念的内涵和实施方法，从而为自己的教学实践提供更多的参考和启示。

教育类书籍和期刊也是班主任了解教育前沿动态的窗口，随着教育改革的不断深入，新的教育理念和教学方法层出不穷。通过阅读这些资料，班主任可以及时了解并掌握最新的教育研究成果，从而保持自己在教学实践中的领先地位。

教育是一个充满挑战的领域，班主任在教学实践中难免会遇到各种问题。而通过阅读教育类书籍和期刊，他们可以学习到更多的教育策略和方法，从而更好地应对这些挑战。

更重要的是，阅读有助于班主任形成自己的教育观点和教学风格。每个人的教育理念和教学方法都是独特的，而阅读则可以为班主任提供更多的思考和启示。通过阅读不同作者的观点和见解，班主任可以逐渐形成自己的教育观，进而在教学实践中展现出独特的个人风格。

为了充分发挥阅读的作用，班主任在选择教育类书籍和期刊时，应注重其专业性和权威性。他们还应养成良好的阅读习惯，如定时阅读、做笔记等，以确保阅读的效果和质量。

三、观摩其他优秀教师的教学

观摩其他优秀教师的教学，对于班主任来说，是一种极为宝贵的学习机会。这种学习方式不仅能够让班主任直观地感受到其他教师的教学风采，更能够从中汲取到丰富的教学经验和策略。

实地观摩或观看教学视频，为班主任提供了一个真实且生动的课堂环境。在这样的环境中，班主任可以细致地观察到其他教师如何组织课堂、引导学生、处理突发情况等。每一个细节，都可能成为班主任教学中的灵感来源。

特别是那些教学技巧高超、课堂管理有方的教师，他们的每一个举动都值得班主任去仔细揣摩和学习。比如，他们是如何激发学生的学习兴趣的？又是如何巧妙地处理学生的问题行为的？这些实战经验，对于班主任来说，都是无比宝贵的财富。

当然，观摩的过程中，班主任也需要保持一种批判性的思维。尽管被观摩的教师可能在教学上有着出色的表现，但并不意味着他们的方法就完全适用于自己的教学环境。因此，班主任在学习的过程中，既要吸取他人的优点，也要根据自己的实际情况，进行灵活的应用和调整。

观摩其他教师的教学，还能让班主任对自己的教学方法进行反思。通过与他人的对比，班主任可以更加清晰地看到自己在教学中的长处和不足。

四、利用网络资源进行学习

在当今信息化的时代，网络资源已经成为人们获取知识的重要途径。对于班主任来说，利用网络资源进行学习，不仅可以拓宽他们的教育视野，还可以及时更新他们的教育理念，提升教学技能。

互联网为班主任提供了一个庞大且便捷的学习平台，无论是专业的教育网站，还是在线课程和学习平台，都蕴含着丰富的教育资源和信息。班主任只需轻点鼠标，便能接触到前沿的教育理念、创新的教学方法以及实用的教学案例。

利用网络资源进行学习，需要班主任具备一定的信息素养和技术应用能力。他们需要学会如何在海量的信息中筛选出有价值的学习资源，如何高效地利用这些资源进行自我提升。班主任还应关注学习资源的真实性和可靠性，确保所学知识的准确性和权威性。

除了获取学习资源外，网络资源还为班主任提供了一个与全球教育工作者交流和分享的平台。通过社交媒体和在线教育论坛，班主任可以结识来自世界各地的同行，共同探讨教育问题，分享教学经验。此种跨地域、跨文化的交流方式，不仅能够拓宽班主任的教育视野，还能够激发他们的创新思维和教学灵感。更重要的是，利用网络资源进行学习是一种持续且自主的学习方式。班主任可以根据自己的实际需求和兴趣爱好，随时随地地进行自我学习和提升。

五、参与教育研究项目

参与教育研究项目，对于班主任来说，是一次深度的、系统的专业素养提升之旅。这不仅是一个学习和研究的过程，更是一个挖掘教育本质、探索教育规律的高级策略。通过亲身参与项目研究，班主任能够有机会深入教育问题的核心，以科学的态度和方法去探索新的教学方法和策略。

在这个过程中，班主任的理论水平和实践能力都将得到极大的提升。教育研究项目往往需要班主任具备扎实的理论基础和敏锐的实践能力。在项目的推进中，班主任需要不断地学习和掌握相关的教育理论知识，同时将这些理论应用到实际的教学实践中去，通过反复的实践和验证，不断地调整和优化教学方法。

更重要的是，参与教育研究项目还有助于班主任形成自己的教育思想和教学风格。在项目研究的过程中，班主任会接触到各种不同的教育理念和教学策略，通过对比和分析，班主任可以逐渐形成自己的教育观，进而在教学实践中展现出独特的个人风格。个人风格的形成，不仅能够提升班主任的教学魅力，还能够更好地适应和满足学生的个性化需求。

团队合作和学术交流也是参与教育研究项目不可或缺的一部分，在项目组中，班主任需要与来自不同背景和专业领域的研究者进行深度的交流及合作。跨领域的合作方式，不仅能够拓宽班主任的教育视野，还能够让他们从不同的角度和层面去理解与解决教育问题。通过学术交流，班主任还可以及时了解和掌握最新的教育研究成果与动态，为自己的教学实践提供更多的参考和启示。

教育研究需要严谨的数据分析和科学论证，班主任需要保持一种求真务实的态度，以科学的方法去探索教育规律。创新精神也是推动教育研究不断发展的动力源泉。班主任需要勇于挑战传统观念，敢于尝试新的教学方法和策略，以推动教育的创新与发展。

六、自我反思与总结

自我反思与总结，是班主任持续学习的最后一步，也是至关重要的一环。通过定期回顾自己的教学实践和学习过程，班主任可以深入剖析自己的行为和决策，从而发现其中的优点和不足。

在进行自我反思时，班主任需要保持一种客观和诚实的态度。只有真实地面对自己的行为和决策，才能找出其中的问题和不足。班主任还需要具备一种批判性的思维，对自己的教学实践和学习过程进行深入的分析与评价。通过分析和评价，班主任可以更加清晰地认识到自己的优点和劣势，为后续的教学和学习提供有益的参考。

除了对自己的教学实践进行反思和总结外，班主任还需要关注学生的学习情况和反馈。学生的学习效果和反馈是评价教学实践是否有效的重要依据。通过收集和分析学生的反馈意见，班主任可以更加准确地了解自己的教学效果和存在的问题，从而及时调整和优化教学方法与策略。

在反思和总结的过程中，班主任还需要善于提炼出有价值的经验和教训。这些经验和教训不仅可以为自己的未来教学提供有益的参考与指导，还可以为其他教师提供借鉴和启示。通过经验的分享和交流，班主任可以不断地提升自己的教学水平和专业素养。

第二节　实践反思：从经验中汲取教育智慧

在教育实践的道路上，我通过细致的课堂观察洞察学生心灵，以精准的学情分析把握学生脉搏，通过深入的主题调研探寻教育真谛，借助严谨的试验检测验证方法有效性，最终在不断地调整改进中追求卓越教育，这一连串的环节如同精心编织的教育智慧之链，每一步都闪耀着我对教育事业的热爱与执着，也见证着我从经验中汲取的智慧之光，照亮了学生成长的道路，也推动了我自身专业素养的不断提升。在这条充满挑战与机遇的教育征途上，我将继续以满腔热情，书写属于我和学生们的精彩篇章。

一、课堂观察：洞察学生需求，优化教学策略

课堂，这个教育的核心场所，不仅是知识传递的圣地，更是师生情感交流、思想碰撞的熔炉。作为班主任，我深知课堂观察的至关重要性，它是我洞察学生内心需求、优化教学策略的关键。

每当踏入教室，我都带着一颗敏锐而细致的心。我观察着每一个学生的眼神、动作和表情，试图从中捕捉到他们的学习状态和情绪变化。课堂观察，对我而言，不仅是用眼睛去看，更是用心去感受，去体会学生们的每一个细微变化。

学生的参与度是课堂观察的重要指标之一。我密切注意着学生们在课堂上的发言情况，观察他们是否积极参与讨论，是否敢于提出自己的观点。当发现某个学生长时间保持沉默时，我会主动引导他参与讨论，激发他的学习热情。我也会根据学生们的参与度调整教学策略，让课堂更加生动有趣，吸引更多学生参与其中。

我还特别关注学生的注意力集中情况，在课堂上，学生的注意力是否集中

直接影响到他们的学习效果。因此，我会时刻观察学生的眼神和动作，一旦发现有学生分心或走神，我会及时采取措施，如通过提问或变换教学方式来重新吸引学生的注意力。

学生之间的互动也是课堂观察的重要内容，我鼓励学生们在课堂上进行小组合作和交流，通过观察他们之间的互动，我可以更好地了解他们的学习方式和思维模式。有时，我还会根据学生们的互动情况调整座位安排，以促进更好的合作与交流。

在一次数学老师的课上，我注意到部分学生在解决复杂问题时显得力不从心。他们的眉头紧锁，眼神中透露出困惑和无助。我意识到，传统的教学方式可能并不适合这些学生。于是，我立即建议数学老师调整教学策略，尝试采用更直观、更生动的教学方式，利用实物模型、图表和动画等辅助工具，帮助学生建立数学模型，将抽象的数学问题具体化、形象化。这一调整不仅提高了教学效果，还让学生们在学习中找到了乐趣和成就感。

二、主题调研：深入探究问题，寻求教育突破

主题调研，作为班主任工作的重要组成部分，是我不断探索教育规律、寻求教育突破的关键途径。通过选定与教育实践密切相关的主题，我能够深入研究、剖析问题，以期为解决教育难题提供新的思路和方法。

在开展主题调研时，我始终秉持科学、严谨的态度。选题是调研的第一步，也是至关重要的一步。我会结合当前教育热点、难点以及班级实际情况，选择具有现实意义和价值的主题进行深入研究。例如，针对班级中部分学生阅读能力不足的问题，我选择了"提升学生阅读能力"作为调研主题。

在调研过程中，我注重数据的收集和整理，确保信息的真实性和准确性。为了全面了解学生的阅读情况，我设计了详细的问卷调查，涵盖了学生的阅读习惯、阅读时间、阅读材料选择等多个方面。我还通过课堂观察和个别访谈，深入了解学生的阅读障碍和需求。这些数据的收集，为我后续的分析提供了有力支撑。

分析问题是调研的核心环节。我运用统计学方法，对收集到的数据进行深入挖掘，探寻阅读能力不足的成因和影响因素。通过对比分析不同学生的阅读情况，我发现阅读量、阅读兴趣和阅读习惯对阅读能力有着显著影响。家庭阅

读氛围、教师阅读指导等因素也不容忽视。

在深入分析问题的基础上，我提出了切实可行的解决方案。针对学生的阅读障碍，我设计了个性化的阅读辅导计划，包括定期推荐阅读材料、组织阅读分享会等。我还与家长沟通，引导他们营造良好的家庭阅读氛围，共同促进学生的阅读能力提升。

通过主题调研，我不仅深入了解了学生阅读能力的现状和问题，还找到了针对性的解决方法。以问题为导向的调研方式，让我在教育实践中更加有的放矢，有效提升了教育质量。调研过程中的数据收集和分析方法，也锻炼了我的研究能力和解决问题的能力，为我在教育领域的持续发展奠定了坚实基础。

三、试验检测：验证教育假设，优化教学方法

试验检测，作为教育创新的重要手段，对于验证教育假设、优化教学方法具有不可替代的作用。在教育实践中，我积极尝试新的教学方法，并通过试验检测来评估其实际效果，以期找到更适合学生的教学方式。

在进行试验检测时，我首先会明确试验的目的和假设。例如，为了提高学生的英语听说能力，英语教师引入"英语角"活动能够有效促进学生的口语交流。在这一假设下，英语老师设计了详细的试验方案，包括活动的时间、地点、参与人员以及具体的活动内容等。

试验过程中，我注重数据的收集和记录。通过观察学生在活动中的表现，我详细记录了他们的参与度、交流频率以及语言表达的准确性等指标。这些数据为我后续的效果评估提供了重要依据。

在活动开展一段时间后，我对收集到的数据进行了深入分析。通过对比学生活动前后的听说成绩以及他们的反馈意见，我发现"英语角"活动确实对学生的英语听说能力产生了积极的促进作用。学生在活动中的互动和交流不仅提升了他们的口语表达能力，还增强了他们的语言应用能力。

基于试验检测的结果，我更加确信新方法的有效性，并决定在班级中继续推广"英语角"活动。我也对活动中存在的问题进行了反思和改进，如优化活动流程、丰富活动内容等，以进一步提升活动的效果。

试验检测不仅让我验证了教育假设，还为我优化教学方法提供了有力支持。通过科学、严谨的试验方式，我能够不断探索和创新教育方式方法，为学

生的全面发展提供更有力的保障。

四、调整改进：持续改进实践，追求卓越教育

在教育这条道路上，没有终点，只有不断地探索与前进。调整改进，就是我在教育实践中持续追求卓越的关键步骤。通过前面的课堂观察、学情分析、主题调研以及试验检测，我积累了丰富的教育数据和实际经验，这使得我能够更准确地识别教育过程中的短板与不足，从而有的放矢地进行调整和改进。

调整改进并不是简单地修补，而是一个系统性的优化过程。以课堂管理为例，当我在课堂观察中发现部分学生容易分心、参与度不高时，我并没有急于求成，而是深入分析了问题的根源。通过与学生的交流以及回顾课堂录像，我意识到传统的教学方式可能过于单一，无法满足学生多样化的学习需求。因此，我决定从教学方法和课堂管理两方面入手进行调整。

在教学方法上，我引入了更多互动环节，如小组讨论、角色扮演等，以激发学生的学习兴趣。这些活动不仅增加了学生之间的合作与交流，还让他们在亲身体验中更深刻地理解了知识。我还注重培养学生的自主学习能力，通过设置探究性问题，引导学生主动思考和探索，从而培养他们的创新思维和解决问题的能力。

在课堂管理方面，我加强了对学生的纪律要求和行为规范。我与学生共同制定了课堂规则，明确了每个人的责任和义务。通过定期的班会课，我们共同回顾和反思课堂表现，及时纠正不良行为，强化正面激励。这些措施有效地提高了学生的自我管理能力，也营造了更加和谐、有序的课堂氛围。

除了课堂内的调整外，我还关注到了课外辅导的重要性。针对部分学习基础薄弱的学生，我制订了个性化的辅导计划，利用课余时间进行有针对性的指导。通过与学生的面对面交流和作业反馈，我能够及时了解他们的学习困难和需求，从而调整辅导策略，帮助他们逐步克服困难，提升学习成绩。

在调整改进的过程中，我始终保持着开放的心态和积极的态度。每一次的尝试和创新都可能带来新的突破与收获。我也注重与同事、学生和家长的沟通与协作，共同为提升教育质量而努力。

通过持续不断的调整和改进，我能够确保教育实践始终与时俱进，满足学生不断变化的学习需求。

第三节 同行交流：共享教育资源与经验分享

在班主任的成长旅程中，班主任教研共同体、名班主任工作室、班主任成长沙龙、班主任技能大赛、班主任教学资源库以及班主任观课议课等活动，宛如璀璨的星辰，照亮前行的道路，它们相互交织，构成了一幅绚丽多彩的教育画卷。通过这些活动，班主任们得以在交流与分享中汲取智慧，在竞技与观摩中锤炼技艺，在资源与经验的共享中丰富教学内涵，从而在专业成长的道路上迈出坚实的步伐，共同谱写教育事业的华彩乐章。这不仅展现了班主任们追求卓越、不断进取的精神风貌，更彰显了教育事业薪火相传、生生不息的蓬勃力量。

一、班主任教研共同体：集思广益，共谋发展

班主任教研共同体，这是一个充满活力与创造力的教研团队，会聚了一群对教育充满热情的班主任。他们深知，教育的复杂性和多样性使得每一个教育者都不可能单打独斗，而是需要集体的智慧和力量来共同面对挑战。因此，他们自发组成了这个教研共同体，旨在通过集体研讨、交流分享，共同提升教育教学水平。

在这个共同体中，班主任们针对教育教学中遇到的实际问题，展开深入的研讨和交流。他们分享各自的教学经验，探讨如何更好地激发学生的学习兴趣，如何更有效地进行班级管理，以及如何更科学地评估学生的学习成果。每一个问题都引发了大家的热烈讨论，每一位班主任都积极发表自己的观点和建议。

通过集思广益，大家共同寻找解决问题的最佳方案。团队合作的精神，不仅推动了班级管理和教育教学的不断改进，还增强了班主任们之间的凝聚力

和向心力。他们相互学习，共同进步，不断提升自己的专业素养和教育教学能力。

教研共同体的建立，更是为班主任们提供了一个宝贵的平台。在这里，他们可以相互学习、共同进步，不断提升自己的教育教学水平。这个平台也促进了教育教学资源的共享和优化。班主任们可以共享各自的教学资源和经验，从而避免了资源的浪费和重复劳动。共享的精神提高了教学资源的利用效率，推动了教育教学的创新和发展。

每位班主任都能够在这个共同体中发挥自己的专长和优势，为团队的发展贡献自己的力量。他们不仅分享了自己的成功经验，还给团队带来了新的思路和想法。开放、包容、合作的氛围，使得班主任教研共同体成为一个充满活力和创造力的团队。在这个团队中，每一位班主任都能够找到自己的价值和归属感，从而更加积极地投入教育教学工作中去。

二、名班主任工作室：引领示范，传承经验

名班主任工作室，这是一个由经验丰富的名班主任领衔的专业成长平台。在这里，一批有志于提升专业素养的班主任会聚一堂，共同追求更高的教育境界。这个工作室不仅为班主任们提供了一个交流学习的场所，更是一个经验传承、智慧共享的殿堂。

在名班主任工作室中，经验丰富的班主任们慷慨地分享着他们的成功经验、班级管理技巧以及教育教学心得。这些宝贵的经验，是他们多年教育生涯的结晶，对于年轻的班主任们来说，无疑是一笔巨大的财富。他们从这些经验中汲取营养，学习如何更好地与学生沟通、如何更有效地组织课堂活动、如何更科学地制订教育计划。

通过名班主任工作室的引领和示范，年轻的班主任们得以更快地成长和进步。他们在这里找到了自己的榜样，明确了努力的方向。名班主任们的实践经验和教育理念，成为他们不断前行的动力源泉。在这个平台上，年轻的班主任们不仅提升了自己的专业素养，更在潜移默化中继承了教育前辈们的崇高精神和职业操守。

名班主任工作室也是传承教育经验、培养新一代教育人才的重要基地。在这里，老一辈班主任们将自己的经验和智慧薪火相传，为新一代班主任的成长

奠定了坚实的基础。传承不仅体现在教育技巧的传授上，更体现在教育理念和精神的熏陶上。在名班主任工作室的引领下，新一代班主任们将肩负起教育事业的重任，为培养更多优秀人才而努力拼搏。

三、班主任成长沙龙：轻松交流，碰撞思想

班主任成长沙龙，这个轻松、自由的交流平台，已经成为众多班主任心中的一片绿洲。在这里，他们可以暂时放下繁重的工作，与同行们围坐在一起，就某个主题或话题展开自由的讨论和交流。轻松愉悦的氛围仿佛一股清新的风，吹散了班主任们心头的疲惫和困惑。

沙龙的魅力在于其开放性和多样性，每次活动，班主任们都会围绕不同的主题展开深入探讨，这些主题既可能是当前教育领域的热点问题，也可能是班主任们在工作中遇到的实际问题。在这里，没有固定的答案，只有思想的碰撞和灵感的激发。每个人都可以畅所欲言，分享自己的见解和体会，也可以从他人的发言中获得新的启示和思考。

通过参与班主任成长沙龙，班主任们得以拓宽视野，了解更多的教育理念和班级管理方法。他们发现，原来教育可以如此丰富多彩，班级管理也可以如此灵活多变。在沙龙中，班主任们经常能够碰撞出意想不到的火花，这些火花或许是一个新的教育观点，或许是一个独特的班级管理技巧，但都给他们的工作带来了新的活力和灵感。

更重要的是，班主任成长沙龙为班主任们构建了一个相互支持、共同成长的社群。在这里，他们不仅可以交流经验和知识，更可以分享彼此的情感和困惑。亲密无间的氛围，让班主任们感受到了前所未有的归属感和幸福感。他们知道，无论遇到什么困难和挑战，都有这样一群志同道合的伙伴与他们并肩作战。

四、班主任技能大赛：以赛促学，展现风采

班主任技能大赛，这是一个属于班主任们的盛大舞台。在这个舞台上，他们有机会展示自己的专业技能和才华，向同行们展现自己在班级管理、教育教学以及家校沟通等方面的深厚功底。这不仅是一场技能的较量，更是一次全面的自我展示和提升。

技能大赛的举办，犹如一股春风，吹拂着班主任们的心田。它激发了班主任们的学习热情和进取心，让他们在备战比赛的过程中，不断地汲取新知识、磨炼新技能。每一个参赛的班主任都深知，这不仅是一场比赛，更是一次难得的学习机会。他们在紧张而有序的备战中，不断提升自己的专业素养，力求在比赛中展现出最佳的状态。

比赛现场，气氛紧张而热烈。班主任们各显神通，将自己的专业技能和才华发挥得淋漓尽致。他们或娓娓道来，讲述自己与学生之间的感人故事；或妙语连珠，展现自己独特的教育教学风格；或沉稳应对，展示自己在突发情况下的应变能力。每一个瞬间，都充分展现了班主任们的专业素养和人格魅力。

然而，技能大赛的意义并不仅仅在于比赛本身。更重要的是，通过比赛中的交流和切磋，班主任们得以相互学习、共同进步。他们在观摩他人的比赛过程中，发现了许多值得借鉴的优点和亮点；在与其他班主任的互动中，汲取了新的教育理念和班级管理技巧。

五、班主任教学资源库：共享资源，丰富教学

班主任教学资源库，这个强大的平台，已经成为我们教育教学工作中不可或缺的一部分。在这个资源丰富的宝库中，班主任可以轻松地找到各种所需的教育教学资源，从精美的课件到详尽的教案，从生动的教学视频到实用的教育资料，应有尽有。

这个资源库的建立，不仅极大地便利了我们的教学工作，更在无形中推动了我们教育教学的进步。以前，我们或许需要花费大量的时间和精力去搜寻、整理教学资源，而如今，只需在资源库中轻轻一点，便可轻松获取到所需的教学材料。这种便捷性不仅提高了我们的工作效率，更让我们有更多的时间和精力专注于教学的创新与提升。

更为重要的是，班主任教学资源库的共享性质，使得我们可以充分利用集体智慧，共同丰富和完善教学内容。每一位班主任都可以将自己的优质教学资源上传到库中，与大家共享。共享的精神避免了教育资源的浪费和重复劳动，在无形中促进了我们之间的交流和合作。

通过资源库的共享和利用，我们也能够不断地学习和借鉴其他班主任的优秀教学资源，从而不断地提升自己的教学水平。我们可以从他人的课件和教案

中汲取灵感，学习他们的教学方法和策略，进而丰富自己的教学手段。

六、班主任观课议课：互观互学，共同提升

班主任观课议课，这是一项极富意义的活动，它为班主任之间提供了一个难得的互观互学、共同提升的机会。通过观摩其他班主任的课堂教学和班级管理过程，我们可以直观地感受到他们的教学风格和班级管理技巧，从而给自己的教育教学工作带来新的启示和思考。

在观课的过程中，我们仿佛成为一名学生，全神贯注地聆听着讲台上的教师讲解知识，观察着他们如何与学生互动，如何引导学生思考。身临其境的体验，让我们更加深入地了解了其他班主任的教学方法和策略，也更加清晰地认识到了自己在教学中的优点和不足。

而观课后的议课环节，则是一次深入交流和切磋的机会。在这个环节中，我们可以就观摩过程中的亮点和不足进行客观的分析与讨论，提出自己的看法和建议。开放、坦诚的交流氛围，不仅有助于我们发现问题、解决问题，更能够促进我们之间的合作和共同进步。

通过观课议课活动，我们不仅可以学习到其他班主任的优秀做法和经验分享，更能够激发自己的创新思维和改进动力。在观摩和学习中，我们不断地吸收新知识、新理念，也在无形中提升了自己的教学水平和班级管理能力。在议课环节中提出的改进建议和意见也能够为其他班主任提供有益的参考与借鉴。

第四节 薪火传承：传帮带年轻教师

名班主任以其丰富的教育经验、深厚的教育情怀和高尚的师德，成为年轻教师心目中的楷模。他们的教育理念、教学方法、班级管理能力等，都对年轻教师产生着深远的影响。因此，名班主任有责任也有义务，将自己的经验和智慧传授给年轻教师，帮助他们更快地成长。"传帮带"是一种传统的教育方式，也是一种非常有效的教师培养模式。通过"传帮带"，名班主任可以将自己的教育理念和经验，以言传身教的方式传递给年轻教师，让年轻教师快速适应工作环境，提升教育教学能力，还可以增强他们的责任感和使命感。

一、明确目标，制订计划

在实施"传帮带"之前，明确目标和制订详细的计划是至关重要的。这一步不仅是"传帮带"过程的起点，更是确保整个培养过程能够有序、高效进行的关键。

名班主任在与年轻教师进行深入交流时，应倾听他们的声音，了解他们的职业期望、教学困惑以及个人发展需求。交流不仅能够帮助名班主任更好地把握年轻教师的心理状态，还能够建立起一种信任关系，为后续的合作奠定坚实的基础。

明确培养目标的过程中，名班主任需要综合考虑多方面因素。一方面，要根据年轻教师的专业背景、教学经验和个性特点，为他们量身定制合适的发展路径。另一方面，还要结合学校的教育理念和教学资源，制订出既符合实际又具有前瞻性的培养计划。

制订个性化的培养计划时，名班主任应注重计划的针对性和实效性。这意味着培养计划不仅要能够满足年轻教师的个性化需求，还要能够在实践中真正发挥作用，帮助他们解决实际教学中遇到的问题。因此，名班主任在制订计划时，需要充分考虑各种可能出现的情况，确保计划的灵活性和可操作性。

名班主任还应与年轻教师共同商讨培养计划的实施细节。这不仅能够增强年轻教师的参与感和归属感，还能够确保计划的顺利执行。通过共同的努力和协作，名班主任和年轻教师可以共同推动"传帮带"工作的深入开展，实现教育教学水平的共同提升。

在这一过程中，名班主任的角色不仅是一个指导者，更是一个合作者和伙伴。他们需要时刻关注年轻教师的成长和发展，及时调整培养计划，确保"传帮带"工作的有效性和可持续性。年轻教师也应积极参与到这一过程中来，主动学习和实践，不断提升自己的教育教学能力。

二、言传身教，以身作则

在"传帮带"过程中，名班主任的言传身教和以身作则起着举足轻重的作用。这不仅涉及教育理念和教学方法的传递，更包括敬业精神和治学态度的熏陶。

名班主任通过自己的言行来影响和带动年轻教师，这是一种最为直接且有效的教育方式。在日常工作中，名班主任展现出的高度敬业精神，是对年轻教师最好的示范。他们早出晚归，悉心备课，关注学生的每一个细节，这种全身心的投入和无私的付出，让年轻教师深刻体会到教育的艰辛与伟大。

名班主任严谨的治学态度也是对年轻教师的重要影响。他们对待教学的认真和严谨，不仅体现在对每一节课的准备上，更贯穿于教育教学的全过程。他们对知识点的深入剖析，对教学方法的不断创新，以及对学生学习情况的精准把握，都让年轻教师受益匪浅。

除此之外，名班主任对学生的深厚情感更是让年轻教师动容。他们把学生当作自己的孩子一样去关爱和呵护，用心去理解每一个学生，帮助他们解决学习和生活中的困难。真挚的情感让年轻教师深刻认识到教育的真谛在于"爱"，并激励他们努力成为一名有爱心、有责任心的教师。

在言传身教的过程中，名班主任还积极分享自己的教育经验和教学方法。他们不仅传授给年轻教师具体的教学技巧，更重要的是教会他们如何根据学生的实际情况灵活运用这些方法。通过手把手的教学指导，年轻教师能够更快地掌握教育教学的规律和技巧，提升自己的教学水平。

三、实践锻炼，提升能力

在"传帮带"过程中，实践锻炼是年轻教师成长的关键环节。名班主任深知，理论与实践相结合的重要性，因此他们积极鼓励年轻教师走出理论的框架，到真实的教学环境中去大胆尝试、勇敢实践。

为了让年轻教师能够在实践中不断摸索和进步，名班主任会引导他们参与各种教学活动，如公开课、教学比赛等。这些活动不仅为年轻教师提供了展示自己才华的平台，更让他们在真实的教学场景中，感受到了教育的魅力和挑战。名班主任还会根据年轻教师的实际情况，为他们量身定制实践计划，确保他们能够在实践中得到充分的锻炼和提升。

在实践过程中，年轻教师会遇到各种问题和挑战，这是他们成长的必经之路。名班主任会时刻关注他们的动态，及时给予指导和帮助。当年轻教师在教学中遇到困难时，名班主任会耐心倾听他们的困惑，帮助他们分析问题所在，并提出切实可行的解决方案。一对一的指导方式，让年轻教师感受到了名班主任的关怀和支持，也让他们在实践中更加自信、从容。

除了具体的实践指导和帮助外，名班主任还会通过分享自己的教育经验和教学方法，引导年轻教师掌握更多的教学实践技巧。他们会结合自己的教学案例，为年轻教师剖析教学的精髓和方法，帮助他们更好地理解教学实践的本质。名班主任还会鼓励年轻教师不断创新教学方法和手段，以适应新时代的教育需求。

在实践锻炼中，年轻教师不仅提升了自己的教育教学能力，还增强了自己的团队协作能力和组织协调能力。他们学会了如何与学生沟通、如何组织教学活动、如何解决教学中的问题等。

四、及时反馈，持续改进

在"传帮带"过程中，及时反馈和持续改进是不可或缺的一环。名班主任深知，只有通过持续的反馈和改进，年轻教师才能不断调整自己的教学方法和策略，实现更快地成长。

为了确保及时反馈的有效性，名班主任会定期对年轻教师的工作进行检查和评估。他们会认真观察年轻教师的教学过程，记录他们的教学表现，并及时与他们进行面对面的反馈交流。在反馈中，名班主任会客观、公正地评价年轻教师的教学效果，指出他们在教学中存在的问题和不足，并提出具体的改进建议。

名班主任还会鼓励年轻教师进行自我反思和总结。他们会引导年轻教师回顾自己的教学过程，思考自己在教学中的优缺点，并寻求改进的方法。自我反思和总结的过程，不仅让年轻教师更加清晰地认识自己的教学风格和特点，还激发了他们的自我提升意识。

在持续改进的过程中，名班主任会持续关注年轻教师的成长动态，并根据他们的实际情况调整培养计划。他们会为年轻教师提供更多的教学资源和支持，帮助他们更好地解决教学中的问题。名班主任还会与年轻教师共同探讨教学方法和策略的创新，以适应新时代的教育需求。

通过及时的反馈和持续的改进机制，年轻教师在教学实践中不断调整和完善自己的教学方法与策略。他们在名班主任的指导和帮助下，逐渐形成了自己独特的教学风格和理念，为未来的教育事业打下了坚实的基础。持续的改进和成长过程不仅让年轻教师感受到了教育的魅力与挑战，更激发了他们对教育事业的热情和追求。

第九章
德育引领与学生品格培养

在教育的广阔天地中，德育犹如一盏明灯，照亮学生前行的道路，引领他们迈向光辉的未来。德育，不仅是传授知识，更是对学生品格的雕琢和心灵的触动。在这个日新月异的时代，德育的重要性愈发凸显，它关乎个体的成长，更影响着社会的风貌。品格教育，作为德育的核心，已经在现代教育中占据了举足轻重的地位。它不仅是传授知识，更是塑造灵魂，它要求我们引导学生去探寻生命的价值，去感悟人生的真谛。在这个过程中，帮助学生树立正确的人生观，成为我们不可推卸的责任。培养良好的品行习惯，是德育实践的落脚点。我们期望通过每一次的教导，每一次的引导，让学生在日常生活中自然而然地流露出优雅与善良，让美好的品格成为他们行动的指南。当然，德育也需要与时俱进。坚守传统的同时我们也要勇于创新，不断探索多元化的品格教育方法。让我们一起努力，以德育为引领，为学生的品格培养播撒下希望的种子，期待他们在未来的岁月里，绽放出最绚烂的光彩。

第一节　德育为先：确立品格教育的重要地位

德育优先是教育工作的核心理念，它强调在传授知识的同时更要注重培养学生的道德品质和人格素养。品格教育，如同璀璨的北斗，引领着我们在纷繁复杂的社会中坚守道德底线，构建和谐秩序；它在学校教育中熠熠生辉，塑造着学生的灵魂，为他们的未来插上腾飞的翅膀；于学生个体而言，品格教育是心灵的灯塔，照亮前行的道路，助力他们成长为有担当、有情怀的时代新人；而在家庭中，品格教育又如细雨润物，悄然滋养着孩子的心田，为他们的成长奠定坚实的基石。

一、品格铸魂，社会和谐之基

立德树人理念下，品格教育作为社会和谐与稳定的基石，其重要性在当今纷繁复杂的社会中愈发凸显。一个拥有高尚品格的公民，不仅懂得尊重法律、遵守秩序，更能与他人和谐相处，共同营造文明、有序的社会环境。

德育通过系统地培养个体的道德观念和责任意识，塑造出一个又一个具备高尚品格的公民。这些公民在社会中发挥着积极的作用，他们以诚信、正直、勤奋等优秀品格影响着周围的人，进而在宏观层面上促进整个社会的道德风尚提升，使得社会秩序得以维护，人与人之间的关系更加和谐融洽。

在快速发展的现代社会中，企业和社会组织越来越注重员工的道德品质。一个具备诚信、勤奋、团队合作精神等优秀品格的员工，往往能够在工作中表现出色，赢得同事和上级的信任与尊重。

一个具备高尚品格的公民，必然懂得承担自己的社会责任，关注社会公益事业，积极参与志愿服务等活动。社会责任感不仅有助于提升个体的社会形象和价值，更能推动社会的进步和发展。

二、德育引领，学校育人之本

学校，作为品格教育的主阵地，肩负着培养学生优秀品格的重要使命。在这里，品格教育不仅关乎学生的个人成长，更是学校立德树人育人理念的重要体现。通过课堂教学、校园文化活动等多种方式，学校将品格教育融入日常教学之中，让学生在学习的同时也能受到品格的熏陶和感染。

在课堂教学中，教师可以通过讲述历史人物的故事、分析社会现象等方式，引导学生理解并践行诚信、尊重、责任等核心价值观。教师还可以结合学科特点，将品格教育融入其中，使学生在学习知识的同时也能培养起相应的品格特质。

除了课堂教学外，学校还可以通过丰富多彩的校园文化活动来实施品格教育。比如组织志愿者服务活动，让学生在实践中学会关爱他人、承担责任；开展团队合作项目，培养学生的团队协作精神和集体荣誉感；举办主题演讲比赛，鼓励学生表达自我、展现自信。

这些活动不仅丰富了学生的校园生活，更在潜移默化中塑造了他们的品格。

品格教育的实施，对于营造良好的校风学风具有显著效果。一所注重德育的学校，必然能够培养出更多具备优秀品格的学生。这些学生以诚信为本、勤奋好学、团结协作，不仅赢得了师生的赞誉，更成为学校的骄傲。他们的存在，极大地提升了学校的声誉和影响力。

在品格教育的熏陶下，学生学会了尊重他人、理解包容，这使得校园氛围更加和谐融洽。

三、品格塑人，个体成长之翼

品格教育，对于学生个体而言，是其成长道路上的重要支撑，如同翱翔蓝天的双翼，助力他们飞得更高、更远。优秀的品格，不仅是个体立足社会的基石，更是他们行为方式和价值取向的决定因素。

通过品格教育，学生学会如何与他人和谐相处，建立起稳固的人际关系网。他们懂得尊重他人，善于倾听，能够理解并接纳不同的观点和意见。包容与开放的态度，使他们在人际交往中游刃有余，赢得了广泛的友谊和尊重。

在人生的旅途中，挫折与困难在所难免。而具备坚韧不拔品格的学生，能够在逆境中保持冷静与乐观，积极寻找解决问题的方法，最终战胜困难，实现自我突破。

更重要的是，品格教育引导学生坚守原则和底线。在纷繁复杂的社会中，各种诱惑和挑战层出不穷。而学生通过品格教育的熏陶，能够明确自己的价值观，坚守道德底线，不为利益所动，保持清醒的头脑和坚定的立场。

这些宝贵的品质，如同学生成长道路上的灯塔，照亮他们前行的方向。在未来的岁月里，无论学生身处何种环境，面临何种挑战，这些品质都将成为他们最宝贵的财富，支撑他们追求卓越、实现自我价值。

在这个信息爆炸的时代，各种思潮和观念层出不穷。而学生通过品格教育，能够学会批判性思维，辨别是非曲直，形成独立且健康的"三观"。他们将以更加成熟、理性的态度面对这个世界，以更加积极、乐观的心态迎接未来的挑战。

四、家教为先，品格培育之源

家庭，作为孩子成长的摇篮，承载着塑造他们初步品格与价值观的重任。品格教育在家庭中的实施，就如同潺潺流水，潜移默化地影响着孩子的成长轨迹。

家长的一言一行、家庭环境和氛围，都在无形中塑造着孩子的品格。

家长的言传身教对孩子产生着深远的影响。在日常生活中，家长的言行举止都会被孩子敏锐地捕捉到，并成为他们模仿的对象。

因此，家长应该以身作则，通过自己的行为示范来引导孩子形成正确的道德观念和行为习惯。例如，家长可以通过诚实守信、尊老爱幼、勤劳节俭等优秀品格的展现，来为孩子树立榜样。

一个温馨和睦的家庭环境能够给予孩子安全感，培养他们的自尊和自信。家长应该关注孩子的情感需求，与他们建立亲密的关系，倾听他们的想法和感受。

在孩子面临挫折和困难时，家长要给予坚定的支持和鼓励，帮助他们建立积极应对挑战的态度，情感教育和心理支持对于孩子品格的塑造至关重要。

家长应该与学校保持密切的沟通与合作，共同关注孩子的品格发展。家长可以了解学校在教育孩子方面的理念和方法，积极参与学校的各项活动，与教师共同探讨如何更好地培养孩子的品格。

与学校教育的规范化、系统性不同，家庭教育更注重个体差异和情感交流。家长可以根据孩子的性格、兴趣和需求，制订个性化的教育方案，引导他们在日常生活中践行优秀品格。

第二节　塑造观念：引导学生树立正确人生观

班主任以德育为引领，悉心雕琢学生的心灵，从明确人生方向、塑造积极态度到追求深层价值，逐步引导他们树立起正确的人生观：以坚定的目标为航标，乘风破浪，勇往直前；以乐观的心态为底色，笑对挫折，拥抱生活；以卓越的价值为追求，不断自我超越，实现个人与社会的和谐共进。在这一过程中，班主任如同技艺精湛的雕塑家，用智慧与爱心细心雕琢每一位学生的未来，助力他们在人生的画卷上勾勒出绚丽多彩的篇章，成就非凡自我，绽放独特光彩。

一、明确人生目的

人生目的是我们内心深处的指南针，它不仅引领我们走向未来，还赋予我们生活的意义和价值。对于中学生来说，明确人生目的的重要性不言而喻。在青春的迷茫与探索中，一个清晰的人生目的能够为他们提供坚实的支撑和明确的方向。

班主任，作为学生成长路上的重要引路人，肩负着帮助学生明确人生目的的重任。这一过程并非一蹴而就，而是需要耐心、细心和策略。

班主任要通过多种途径引导学生深入思考"我为什么而活"的哲学问题。这不是一个简单的问题，它需要学生对自己的内心进行深入的挖掘。班主任可以组织一些主题班会，让学生们围绕这个问题展开讨论。在讨论中，学生们可以分享自己的想法、困惑和追求，也可以从他人的分享中获得启发。

班主任还可以通过分享自己的经历或者邀请校外人士来校，分享他们的人生经历，以此激发学生对于人生目的的思考，这些真实的故事和经历往往能够触动学生的内心，引发他们对于未来的无限遐想。

当学生开始思考自己的人生目的时，班主任要帮助他们认识到实现这个目的需要付出努力和坚持。成功并非一蹴而就，而是需要长时间的积累和不懈的奋斗。班主任可以通过讲述成功人士的故事，如伟大科学家的成长历程，来激励学生为自己的人生目标而奋斗。这些故事不仅能够激发学生的斗志，还能够培养他们的毅力和决心。

班主任也要让学生明白，人生目的并非一成不变，它会随着我们的成长和经历而不断调整。因此，我们要保持开放和灵活的心态，勇于面对生活中的变化和挑战。在实现人生目的的过程中，我们可能会遇到各种困难和挫折，但正是这些经历塑造了我们坚韧不拔的性格和勇往直前的精神。

班主任要引导学生将个人目的与社会需求相结合，一个真正有价值的人生目的不仅要关注个人的成长和成功，还要关注社会的需求和进步。通过参与社会实践活动，学生可以亲身体验到为社会做贡献的喜悦和成就感。

明确人生目的是一个持续不断的过程，需要班主任的耐心引导和学生的积极参与。在这个过程中，学生会逐渐发现自己的兴趣所在、能力所及以及社会责任感，从而为自己的人生描绘出一幅清晰的蓝图。

二、端正人生态度

人生态度，简而言之，就是一个人对待人生的基本看法和态度。它如同心灵的指南针，引导我们在生活的海洋中航行。对于中学生而言，培养一种积极的人生态度至关重要，因为它不仅关乎个人的心理健康，更影响未来的发展和成就。

在德育工作中，班主任扮演着举足轻重的角色。他们不仅是知识的传授者，更是学生心灵的引导者。

班主任要引导学生正视生活中的挫折和困难，人生之路并非一帆风顺，困难和挫折在所难免。然而，正是这些经历塑造了我们坚韧不拔的性格。班主任可以通过分享励志故事、开展心理辅导等活动，帮助学生建立自信，培养他们的抗压能力。当学生面对困难时，鼓励他们以乐观的心态去看待问题，相信自己有能力克服一切。

班主任要鼓励学生保持开放和包容的心态，在这个多元化的时代，我们不可避免地会与不同背景、不同观念的人打交道。开放和包容的心态能够帮助我们更好地理解与接纳他人,从而建立良好的人际关系。班主任可以通过组织多元文化交流活动、引导学生参与团队合作等项目,培养他们的团队合作精神和集体荣誉感。在这些活动中,学生将学会尊重和理解他人,培养宽容和包容的品质。

班主任还要教导学生珍惜当下、感恩生活,生活中有许多美好的瞬间值得我们珍惜和感激。通过开展感恩教育、生命教育等活动,使学生意识到生命的宝贵和生活的美好。引导学生关注生活中的点滴幸福,如家人的关爱、朋友的陪伴、自然的恩赐等。鼓励他们用实际行动去回报那些给予帮助和支持的人,从而培养他们的感恩之心。

三、追求人生价值

人生价值,这一深邃而广泛的议题,涉及每个人在社会生活中的定位、贡献与追求。对于学生而言,探索和实现自己的人生价值,是成长道路上不可或缺的一环。班主任,作为学生成长过程中的重要指导者,有责任也有义务引导他们正确地认识和追求自己的人生价值。

班主任要帮助学生发现自己的兴趣和特长,每个人都有自己的独特之处,有自己的潜能和天赋等待发掘。班主任应该提供多元化的课外活动和学习资源,让学生有机会去尝试、去探索、去发现自己的潜能。这些活动可以包括艺术、体育、科学等各个领域,旨在让学生全面了解自己的兴趣所在和擅长领域。

在这一过程中,班主任的细心观察和引导至关重要。他们需要通过与学生的交流和互动,发现学生的闪光点,进而鼓励他们根据自己的优势去发展自己的才能。这样的引导不仅有助于学生的个人成长,更能让他们在未来的社会生活中找到自己的位置,实现自己的人生价值。

班主任要引导学生关注社会问题,培养他们的社会责任感和公民意识。在追求个人价值的同时,我们不能忽视个人与社会之间的紧密联系。一个真正有价值的人,不仅要在个人领域取得成就,更要对社会做出贡献。班主任可以通过组织社会实践活动、志愿服务等项目,让学生走出校园,亲身接触和了解社会。在这些活动中,学生将有机会亲身体验到为社会做贡献的意义和价值,从而更加珍视自己的人生价值。这些活动还能帮助学生培养团队合作精神和领导能力，为他们的未来发展打下坚实的基础。

班主任还可以通过课堂教育、主题班会等方式，引导学生深入思考社会问题，培养他们的批判性思维和解决问题的能力。这些能力不仅对学生的个人成长有益，更能让他们在未来的社会生活中发挥更大的作用。

班主任要帮助学生建立正确的人生评价体系，在追求人生价值的道路上，我们不可避免地会遇到各种挑战和困难。一个正确的人生评价体系能够帮助我们更好地应对这些挑战，保持积极向上的心态。

班主任可以通过分享成功人士的经验和故事，让学生明白成功的真谛并非仅仅是物质财富的追求，更包括精神层面的提升和自我实现。在这一过程中，班主任要引导学生关注内心的成长和进步，让他们明白真正的价值并非来自外界的评价，而是源于内心的满足和成长。

班主任还要帮助学生树立正确的价值观和道德观，在追求人生价值的过程中，我们不能忽视道德和伦理的约束。一个真正有价值的人，不仅要关注自己的利益，更要考虑他人的感受和利益。班主任可以通过日常的德育教育，引导学生明白这一点，培养他们的道德意识和责任感。

第三节　品格实践：培养学生良好品行习惯

　　诚实守信、尊重他人、自律自强、团结协作、勤奋好学、勇于承担责任，良好品行习惯如同璀璨的星辰，照亮学生成长的道路，引领他们成为有担当、有品质、有追求的新时代青年。这些习惯相互交织，共同铸就了学生的道德基石，让他们在知识的海洋中畅游，同时在品格的磨砺中不断前行。每一种习惯都如一面镜子，映照出学生内心的纯净与坚韧，也折射出他们对未来的憧憬与追求。在成长的旅途中，这些品行习惯将成为他们最宝贵的财富，助力他们在风雨中坚定前行。

一、诚实守信

　　诚实守信，这一品质在中华民族的传统美德中占有举足轻重的地位。对于学生而言，它不仅是一种道德要求，更是塑造个人品格、建立社会信任关系的基石。诚实守信要求学生在言行上保持高度一致，不轻易食言，更不能说谎欺骗他人。这一品质的培养，不仅关乎学生个人的道德成长，更对其未来的社会生活和职业发展产生深远的影响。

　　课堂教学过程中，教师可以结合教材内容，通过生动的案例和故事，向学生传递诚实守信的重要性。让学生明白，诚实是一个人的立身之本，是赢得他人尊重和信任的关键。教师还可以引导学生思考诚实守信对个人和社会的意义，以及违背这一原则可能带来的后果。

　　除了课堂教学外，教师还可以在日常生活中寻找机会，让学生亲身体验诚实守信的价值。例如，教师可以设立诚信档案，记录学生在校期间的诚信行为，以此激励学生保持诚实守信。开展诚信主题班会也是一个有效的教育方法。在班会上，教师可以组织学生分享关于诚信的故事和经历，引导学生讨论如何在日常生活中践行这一品质。

诚实守信的培养还需要家庭和社会的共同努力，家长应该以身作则，成为孩子诚实守信的榜样。社会各界也应该共同营造崇尚诚信的氛围，让学生在健康的环境中成长。

二、尊重他人

尊重他人，是学生成长过程中必须培养的重要品行。这一品质要求学生能够换位思考，深入理解他人的感受和需要，不侵犯他人的权益，同时尊重他人的意见和选择。尊重他人不仅体现了学生的道德素养，更是建立和谐人际关系、促进社会和谐的关键所在。

为了有效培养学生的尊重他人品质，教师在课堂教学中，可以通过角色扮演、情景模拟等方式，让学生亲身体验他人的处境，从而学会换位思考和理解他人，更加直观地感受到尊重他人的重要性，并激发他们的同理心。

在小组讨论中，教师可以引导学生就某一话题展开讨论，鼓励学生发表自己的观点，并倾听他人的意见。通过这种方式，学生可以学会尊重他人的观点和选择，同时培养自己的沟通能力和团队协作精神。

除了课堂教学外，教师还可以通过开展各种实践活动来强化学生对尊重他人的认识。例如，文明礼仪教育可以帮助学生了解并遵守社会规范，从而更好地尊重他人；反欺凌教育则可以让学生了解欺凌行为的危害，并学会如何保护自己和尊重他人。这些实践活动能够让学生在亲身体验中学会尊重他人，形成良好的道德品质。

家庭和社会环境同样对学生尊重他人品质的培养具有重要影响，家长应该注重对孩子的言传身教，成为孩子尊重他人的榜样。社会各界也应该共同营造尊重他人、和谐友善的社会氛围，为学生的成长提供良好的外部环境。

三、自律自强

自律自强，是学生走向成熟、实现自我价值的重要品质。它要求学生具备高度的自我管理能力和自我约束力，能够合理安排时间，有效规划学习与生活，面对困难与挑战时能够勇往直前，不断提升自我。

教师可以引导学生制订详细的学习计划和生活计划，通过设定明确的目标和规划，帮助学生养成良好的时间管理习惯，使他们能够有计划地进行学习，提高学习效率。教师还应鼓励学生坚持执行自己的计划，培养他们的毅力和耐心。

除了制订计划外，教师还可以通过组织各种拓展训练活动来激发学生的斗志和毅力。例如，可以开展户外徒步、攀岩等具有一定挑战性的活动，让学生在实践中锻炼意志力和坚韧不拔的精神。这些活动不仅能够增强学生的身体素质，还能够让他们在挑战中感受到成功的喜悦，从而培养出自强不息的精神。

教师还可以利用课堂时间，通过讲述成功人士的故事或者播放相关视频，来激励学生追求卓越、自强不息。这些真实的案例能够让学生更加直观地感受到自律自强所带来的成就和荣耀，从而激发他们的斗志和进取心。

家长应该与孩子共同制订学习计划和生活计划，并监督孩子执行。家长还可以引导孩子参与家务劳动，培养他们的责任感和自律精神。

四、团结协作

团结协作，是中学生必备的社会能力，也是现代社会中不可或缺的重要素质。它要求学生学会与他人携手合作，共同面对挑战，完成任务，实现共同的目标。团结协作能力的培养，不仅有助于提升学生的社交技巧，增进彼此间的理解与信任，更能培养他们的团队精神，增强集体荣誉感，为将来融入社会、参与团队合作打下坚实基础。

为了有效地培养学生的团结协作能力，教师需要精心设计教学活动，提供丰富的实践机会。其中，小组合作学习是一种非常有效的方法。通过将学生分成若干小组，让他们围绕特定任务展开讨论、分工与合作，可以极大地促进学生间的交流与协作。在这个过程中，教师应注重引导，确保每个学生都能积极参与到小组活动中，发挥自己的特长，为团队的成功贡献力量。

团队竞赛也是培养学生团结协作精神的良好途径，通过组织各类团队竞赛活动，如篮球赛、足球赛或学术竞赛等，可以让学生在激烈的竞争中体会到团队合作的重要性。在竞赛过程中，学生只有相互支持、密切配合，才能取得好成绩。

除了教学活动外，教师还可以通过开展团队建设活动来进一步强化学生的团结协作意识。例如，可以组织户外拓展训练、团队游戏等活动，让学生在轻松愉快的氛围中增进友谊、加深了解。教师还可以邀请成功团队或行业专家来校分享经验，让学生从他们的故事中汲取团结协作的智慧。

家长应鼓励孩子多参与集体活动，培养他们的团队意识。社会各界也应积极营造有利于团队协作的氛围和文化环境。

五、勤奋好学

勤奋好学，是学生取得学业进步、实现个人成长的重要品质。它代表着一种持续不断、积极向上的学习态度和精神追求。在当今这个知识爆炸的时代，只有保持对知识的渴望，努力学习，不断提高自己的文化素养和综合能力，才能在激烈的竞争中脱颖而出，为未来的发展奠定坚实基础。

勤奋好学的品质并非一蹴而就，而是需要通过长期的培养和实践才能逐渐形成。为了有效地培养学生的勤奋好学精神，教师需要从多个方面入手，激发学生的学习兴趣，引导他们发现学习的乐趣，帮助他们养成良好的学习习惯，培养他们的自主学习能力。

首先，教师可以通过生动有趣的课堂讲述、丰富多样的教学手段来激发学生的学习兴趣。当学生对所学内容产生浓厚兴趣时，他们就会更加主动地投入学习中去，积极探索、深入思考。例如，教师可以结合生活中的实际案例，引导学生运用所学知识去解决问题，从而让他们感受到学习的实用性和趣味性。

其次，教师应该帮助学生设立明确的学习目标，并制订切实可行的学习计划。目标是学生学习的方向，计划则是实现目标的路径。只有明确了目标和计划，学生才能更加有针对性地开展学习，提高学习效率。教师还可以通过定期检查、及时反馈等方式，督促学生按时完成学习任务，培养他们的自律性和责任感。

再次，提供丰富的学习资源也是培养学生勤奋好学品质的重要途径。教师可以利用互联网、图书馆等渠道，为学生收集各种学习资料，帮助他们拓宽知识面、深化对所学内容的理解。教师还可以鼓励学生参加各种学术竞赛、科技创新活动，让他们在实践中锻炼自己的能力、展示自己的才华。

最后，家长应该关注孩子的学习情况，与他们共同制订学习计划，鼓励他们克服困难、持之以恒地学习。社会各界也应该营造良好的学习氛围和文化环境，为学生提供更多的学习机会和资源。

六、勇于承担责任

勇于承担责任，是学生成长过程中需要逐渐培养和强化的重要品质。它不仅关乎个人的道德品质，更是未来成为一个有担当、有责任感的社会成员的关键。在面对错误或困难时，勇于承担责任的学生能够坦然面对，不逃避、不推诿，而是积极寻求解决方案，这种品质将伴随他们一生，成为他们人格魅力的重要组成部分。

为了有效地培养学生的这一品质，教师让学生在课堂上模拟真实场景，体验不同角色在面对问题时的责任与担当。通过这种方式，学生能够更加直观地理解责任的重要性，并学会如何在实际情况中承担责任。

我们都会犯错误，但关键在于我们如何看待和处理这些错误。教师应该引导学生认识到，犯错并不可怕，可怕的是逃避责任、掩盖错误。只有勇于承认错误，才能及时纠正、不断进步。

通过开展社会实践活动、志愿服务等活动，教师可以让学生在实践中学会承担责任。在社会实践中，学生需要与团队成员共同完成任务，这不仅要求他们发挥自己的专长，更需要他们承担起自己的责任，为团队的成功贡献力量。

在家庭生活中，应该教育孩子从小事做起，学会对自己的行为负责。例如，可以让孩子承担一些家务劳动，培养他们的责任感；在孩子犯错误时，家长也应该引导他们勇于承认并改正错误。

第四节 德育创新：探索多元化品格教育方法

班主任德育创新是提高学生品格的关键，需不断探索多元化方法。通过情境体验让学生亲身感受道德规范，利用案例分析深化道德认知，角色扮演培养同理心，网络德育紧跟时代，再结合个性化指导以满足学生独特需求。这些方法共同作用于学生的品格培养，充分发挥学生主观能动性，加强实践性体验，并促进家校合作，全面夯实学生道德情感、判断和行为能力的基础，为他们的未来发展保驾护航。

一、情境体验法

情境体验法在教育领域占据了重要的地位，特别是在德育方面。通过为学生创造一个具体的、富有情感的场景，班主任能够使学生在亲身体验中深入感受和理解道德规范与价值观念，锻炼他们的道德判断和自主决策能力。

在实施情境体验法时，班主任需要精心设计情境，确保其既具有教育意义，又能引起学生的兴趣。班会课和主题活动是实施情境体验法的良好平台。班主任可以利用这些平台，设计包含道德冲突或道德选择的情境，使学生在模拟的情境中做出判断和选择。

以关于诚信的情境体验活动为例，班主任可以设计一个情境，模拟学生在考试中作弊被发现后的场景。在这个情境中，学生需要面对作弊带来的后果，包括可能的惩罚、同学的看法以及对自己内心的谴责。通过这个情境，学生可以深刻感受到作弊行为所带来的负面影响，从而更加珍视诚信的价值。

在情境体验的过程中，班主任的引导作用至关重要。班主任需要适时地提出问题，引导学生进行深入的思考和讨论。例如，在关于诚信的情境中，班主任可以提出"为什么我们要坚守诚信？""作弊行为对个人和社会有哪些影响？"等问题，激发学生的思考热情。

　　情境体验法还可以与其他教育方法相结合，如角色扮演、小组讨论等，以增强学生的参与感和体验感。通过这些方法，学生可以更加深入地了解道德规范，同时提高他们的道德判断能力和自主决策能力。

　　情境体验法的实施效果也取决于班主任的教育理念和教学能力。一个优秀的班主任应该能够根据学生的年龄特点和认知水平，设计出既有趣又有教育意义的情境，使学生在体验中真正领悟道德的真谛。

二、案例分析法

　　案例分析法在德育教育中具有独特的价值。通过分析真实的道德案例，学生能够更加深入地了解道德问题的复杂性和多样性，从而培养他们的道德判断能力和解决问题的能力。班主任在实施案例分析法时，需要选择具有代表性的道德案例，如校园欺凌、网络暴力等，这些案例要既能引起学生的兴趣，又能触及他们内心深处的道德观念。

　　在选择案例时，班主任需要注重案例的真实性和典型性。真实性能够让学生更加深入地了解道德问题的实际情况，而典型性则能够让学生从中提炼出普遍的道德规范和价值观念。例如，选择一个关于校园欺凌的案例，可以让学生深刻认识到欺凌行为的危害性，并思考如何采取有效措施来预防和解决这类问题。

　　在实施案例分析法时，班主任还需要注重学生的参与和讨论。通过组织学生进行小组讨论和全班分享，班主任可以引导学生从不同的角度思考问题，培养他们的批判性思维和同理心。在小组讨论中，学生可以各抒己见，充分表达自己的观点和看法。而在全班分享中，学生可以倾听他人的观点，拓宽自己的视野和思路。

　　在分析案例的过程中，班主任的引导作用同样重要。班主任需要适时地提出问题，激发学生的思考热情。例如，在讨论校园欺凌案例时，班主任可以提出"欺凌行为的原因是什么？""如何保护受害者的权益？""如何预防欺凌行为的发生？"等问题，引导学生进行深入思考和讨论。

　　除了引导学生进行分析和讨论外，班主任还可以鼓励学生提出解决方案。通过让学生思考如何解决实际问题，班主任可以培养他们的实践能力和创新精神。例如，在讨论校园欺凌案例时，班主任可以鼓励学生提出具体的预防和解决措施，如建立校园安全机制、加强心理健康教育等。

三、角色扮演法

角色扮演法是一种生动而有效的德育方法，通过让学生扮演不同的角色，在模拟的真实道德情境中体验和感悟，从而培养他们的道德情感和道德行为。在德育工作中，班主任可以精心设计具有道德冲突的角色扮演活动，使学生在扮演过程中能够身临其境地感受不同角色的心理状态和责任担当。

在实施角色扮演法时，班主任的首要任务是创设一个逼真的道德情境。以公交车让座的角色扮演活动为例，班主任可以设置一个场景，其中有老人、孕妇、残疾人等需要帮助的角色，也有年轻人、学生等可以提供帮助的角色。通过模拟公交车上的让座情境，使学生能够深入体验和理解不同角色在特定情境下的感受与需求。

在角色扮演的过程中，班主任要注重引导学生进行深入的思考和情感体验。例如，扮演老人的学生可能会感受到身体不便和需要帮助的无助感，而扮演年轻人的学生则可能会面临是否让座的道德抉择。在这个过程中，班主任可以提出问题，如"如果你是这位老人，你希望别人如何对待你？""如果你是这位年轻人，你会怎么做？"等、以激发学生的思考和情感体验。

通过角色扮演法，学生能够更好地理解他人的立场和情感，培养他们的同理心和责任感。扮演弱势群体的学生，可以深刻体验到他们在生活中的困难和挑战，从而更加懂得尊重和关爱他人。而扮演帮助者的学生，则可以体会到帮助他人的喜悦和满足感，从而培养他们的公益意识和奉献精神。

角色扮演法还可以帮助学生提高解决道德冲突的能力。在模拟的道德情境中，学生需要面对各种道德问题，并做出合理的判断和选择。通过不断的练习和反思，学生可以逐渐提高自己的道德敏感性和解决问题的能力，为未来的生活做好准备。

在实施角色扮演法时，班主任还需要注意以下几点：首先，要确保情境的逼真性和道德冲突的合理性，以激发学生的学习兴趣和思考热情；其次，要注重学生的情感体验和心理健康，避免对学生造成不必要的心理压力；最后，要加强与学生的沟通和交流，及时了解他们的想法和感受，并给予积极的反馈和指导。

四、网络德育法

在当今数字化时代，互联网已经渗透到我们生活的方方面面，对青少年的成长产生了深远的影响。作为班级的引领者，班主任必须紧跟时代的步伐，积极推动网络德育，以应对网络环境中出现的各种挑战。

随着信息技术的不断发展，网络已经成为青少年获取信息、交流思想的重要渠道。然而，网络环境的复杂性和信息的多元性也给青少年带来了不少负面影响，如网络欺凌、虚假信息传播等问题层出不穷。因此，班主任必须认识到网络德育的重要性和紧迫性，肩负起引导学生正确使用网络、培养网络道德观念的重任。

在这个过程中，班主任不仅需要关注学生的网络行为，更要通过日常的教育活动，潜移默化地影响学生，帮助他们树立正确的网络道德观念。这需要班主任具备敏锐的洞察力和丰富的教育经验，能够及时发现学生的网络问题，并给予适当的引导和帮助。

为了更有效地推动网络德育，班主任可以加强与学生的沟通和交流，了解学生的真实想法和需求，从而更有针对性地开展教育活动。班主任还可以创新网络德育的形式和内容，如利用多媒体资源、开展网络道德主题班会等，激发学生的学习兴趣和参与度。班主任还应该加强与家长的合作和沟通，共同关注学生的网络行为，形成家校共育的良好氛围。

在推动网络德育的过程中，班主任会遇到各种挑战和困难。但是，只要保持耐心和信心，不断创新工作方法和思路，就一定能够为学生的健康成长保驾护航。班主任的努力和付出，将会为学生的未来奠定坚实的基础，培养出更多具备良好网络道德观念的优秀人才。

五、个性化指导法

每个学生都是独一无二的个体，他们有着不同的家庭背景、兴趣爱好、性格特点和学习方式。因此，在德育工作中，班主任需要注重个性化指导，以满足每个学生的独特需求。通过深入了解每个学生的具体情况，为他们量身定制德育方案，从而更有效地培养他们的品格和能力。

在实施个性化指导法时，班主任首先要做的就是全面了解学生。这包括了解学生的家庭背景、成长经历、兴趣爱好、性格特点和学习方式等各个方面。只有深入了解学生，班主任才能为他们提供有针对性的指导。

针对性格内向的学生，班主任可以鼓励他们参与一些团队活动或社交场合，以提高他们的沟通能力和自信心。例如，可以组织一些小组合作任务，让学生在完成任务的过程中学会与他人合作和交流。班主任还可以给予他们更多的关注和鼓励，帮助他们逐渐克服内向的性格障碍。

对于性格外向的学生，班主任则可以引导他们学会倾听和尊重他人，培养他们的同理心和合作精神。例如，可以让他们扮演一些需要倾听和理解他人的角色，如小组长或调解员等。通过这些角色的扮演，学生可以逐渐学会关注他人的感受和需求，从而更好地与他人相处。

除了针对性格特点的指导外，班主任还可以根据学生的兴趣爱好和学习方式提供个性化的德育方案。例如，对于喜欢阅读的学生，班主任可以推荐一些有关道德和品格的书籍，让他们在阅读的过程中受到熏陶和启示。对于喜欢动手实践的学生，班主任则可以组织一些社会实践活动，让他们在亲身实践中体验和理解道德规范。

在实施个性化指导法时，班主任需要注意以下几点：首先，要尊重学生的个性和需求，不要强迫他们接受不适合自己的德育方案；其次，要注重与学生的沟通和交流，及时了解他们的想法和感受，并根据实际情况调整德育方案；最后，要加强与家长的沟通和合作，共同关注学生的成长和发展。

第十章
重视生涯规划教育

10

在快速发展的现代社会中，面对日新月异的职业环境和日益激烈的竞争态势，高中时期作为学生人生规划的重要转折点，生涯规划教育显得尤为重要。作为班主任，我们不仅是学生学业上的引路人，更是他们未来人生蓝图的规划者。因此重视并有效实施生涯规划教育，不仅是响应国家教育改革的号召，更是对学生个体成长与发展负责的具体体现。生涯规划教育旨在帮助学生认识自我、了解社会、探索职业世界，进而明确个人发展目标，制定合理的学习与职业规划。首先，我将从生涯初探的必要性出发，引导学生理解为何要在高中阶段引入生涯规划教育；其次，通过介绍生涯测试工具与性格类型分析，帮助学生科学地认识自我，明确个人优势与兴趣所在；再次，探讨多元体验在生涯规划中的重要性，鼓励学生通过实习、社会实践、志愿服务等多种形式积累经验，拓宽视野；最后，聚焦于职业匹配，指导学生如何将个人特质与职业需求相结合，探索适合自己的职业范畴，为未来的职业道路奠定坚实基础。我们期望每一位班主任都能成为学生生涯规划道路上的良师益友，陪伴他们勇敢地迈出探索未来、规划人生的第一步。

第一节　生涯初探：规划生涯的必要性

班主任指导学生进行生涯规划至关重要，因为这不仅能引导学生全面认识自我、明确职业定位，激发学生的学习动力和职业素养，提升就业竞争力，还能促进学生的全面发展，实现人生价值，同时增强学生抗压能力，以更好地应对未来挑战。这一过程还能加强师生之间的联系，促进学生的心理健康。因此，班主任的生涯规划指导对于学生的个人成长和职业发展具有深远的影响。

一、引导学生认识自我，明确职业定位

高中阶段，学生正处在一个自我意识逐渐觉醒和发展的关键时期。在这一阶段，他们开始对自己的内心世界有了更深入的探索，对自己的兴趣、能力和价值观有了更为清晰的认识。然而，由于缺乏足够的社会经验和职业认知，他们往往难以将自身的这些特点与未来的职业选择有效地结合起来。

这时，班主任的生涯规划指导就显得尤为重要。班主任不仅要在日常的教学中传授知识，更要担当起引导学生认识自我、明确职业定位的重任。通过生涯规划课程、一对一辅导、职业兴趣测试等多种方式，班主任可以帮助学生更深入地了解自己的性格特点、优势与不足，以及自己在未来职场中的可能定位。

在这一过程中，班主任需要注重引导学生主动思考和自我反思。例如，可以组织学生进行自我介绍和互相评价的活动，让他们听到来自同伴的真实反馈，从而更好地认识自己。班主任还可以分享一些职业发展的案例，让学生从中汲取经验，明确自己的职业方向。

班主任还可以利用学校或社区的资源，为学生安排一些实践机会，如企业实习、志愿服务等。这些实践活动不仅能让学生亲身体验各种职业环境，还能

帮助他们在实践中进一步明确自己的职业定位。

二、激发学生的学习动力，提升学业成绩

在学生的学习过程中，明确的学习目标是他们持续努力的动力源泉。当学生对自己的未来有了清晰的规划后，他们会更加明确自己学习的目的和方向，从而激发出更为强烈的学习欲望和动力。

班主任在这一过程中扮演着举足轻重的角色。通过生涯规划指导，班主任不仅可以帮助学生设定合理的学习目标，更能协助他们制订切实可行的学习计划。这样的指导不仅能让学生在学习过程中有的放矢，更能提升他们的学习效率，进而在学业上取得更好的成绩。

为了激发学生的学习动力，班主任可以采取多种方式。例如，可以定期组织学习分享会，邀请优秀学长学姐或行业专家来分享他们的学习经验和职业发展路径，从而激励学生为达到自己的目标努力奋斗。班主任还可以根据学生的实际情况，为他们量身定制学习计划，帮助他们更好地管理时间和学习资源。

班主任还可以通过设置奖励机制来进一步激发学生的学习动力。例如，可以为学习成绩优异或进步明显的学生颁发奖状或奖品，以表彰他们的努力和成果。这样的奖励不仅能让学生感受到自己的进步和成就，更能激励他们在未来的学习中持续努力。

三、培养学生的职业素养，提升就业竞争力

在当下社会，职业素养和就业竞争力的重要性不言而喻。随着科技的飞速发展和行业竞争的日益激烈，企业对于人才的要求也越来越高。因此，培养学生的职业素养，提升他们的就业竞争力，就成为教育的重要任务之一。

班主任在这一过程中扮演着至关重要的角色。通过生涯规划指导，班主任可以帮助学生了解职场文化和职业规范，这对于学生未来的职业发展至关重要。职场文化是企业或组织内部的一种共享价值观、信仰、习惯和行为方式，它影响着员工的工作态度和行为。而职业规范则是职场人必须遵守的行为准则，它保证了职场的公平和效率。

为了帮助学生更好地了解职场文化和职业规范，班主任可以组织一些模拟职场的活动，让学生在实践中学习如何与同事合作、如何与上司沟通、如何

处理工作中的冲突等。班主任还可以邀请一些职场人士来学校举办讲座或分享会，让学生直接从他们的经验中学习和吸取。

除了职场文化和职业规范外，班主任还要着重培养学生的团队合作意识、沟通能力和解决问题的能力等职业素养。这些素养是学生在未来职场中必备的，也是企业非常看重的。为了培养学生的这些素养，班主任可以设计一些团队合作的项目或活动，让学生在实践中锻炼和提升自己。

班主任还要引导学生关注行业动态和市场需求，帮助他们调整自己的职业规划，提升在就业市场中的竞争力。这就要求学生不仅要具备扎实的专业知识，还要有良好的职业素养和敏锐的市场洞察力。班主任可以通过分享行业资讯、组织市场调研等方式，帮助学生了解行业动态和市场需求，从而更好地规划自己的职业发展。

四、增强学生的抗压能力，应对未来挑战

在快速变化的社会环境中，每个人都会面临各种压力和挑战。对于学生来说，未来充满了不确定性和变数，因此，培养他们的抗压能力，教会他们如何面对和克服挑战，就显得尤为重要。班主任在这一过程中，通过生涯规划指导，可以发挥关键作用。

班主任要帮助学生认识到生涯发展中的不确定性和风险。在规划未来的道路时，很多学生往往过于理想化，忽视了现实中可能遇到的困难和挫折。班主任需要通过真实的案例和生动的讲解，让学生明白，无论是学习、工作还是生活，都不可避免地会遇到问题和挑战。这样的认知，能够让学生提前做好心理准备，当真正面临困境时，不至于手足无措。

班主任要教会学生如何调整心态，积极面对挑战。面对压力和挑战，保持积极、乐观的心态至关重要。班主任可以通过心理辅导、情绪管理训练等方式，帮助学生学会如何平复情绪，如何从失败中汲取教训，如何以积极的心态看待问题。这样的心理素质培养，不仅能够帮助学生更好地应对当前的挑战，还能够让他们在未来的生涯中更加坚韧、从容。

班主任要引导学生制定应对策略和备选方案。面对未来的不确定性，单纯的心态调整是不够的，还需要有实际的应对策略。班主任可以指导学生制定个人的应急预案，比如在遇到学习困难、职业选择迷茫等情况时，应该如何寻求

帮助、如何调整计划等。备选方案的制订也非常重要，它可以让学生在原计划受阻时，迅速转向其他可行的路径，从而减少时间和精力的浪费。

班主任还需要通过实践活动来增强学生的抗压能力。理论知识的学习固然重要，但实践中的经验和教训更为宝贵。班主任可以组织一些团队挑战、模拟面试等活动，让学生在安全的环境中体验压力和挑战，从而锻炼他们的应变能力和抗压能力。

五、促进学生的全面发展，实现人生价值

生涯规划关注学生的全面发展，旨在帮助学生发现自己的兴趣和特长，培养他们的创新精神和实践能力，同时引导他们关注社会责任和公益事业，实现自己的人生价值。

高中阶段是学生个性形成和兴趣发展的关键时期。班主任通过生涯规划指导，可以帮助学生认识到自己的独特之处，发现自己的兴趣和特长。每个人都有自己的独特之处，而兴趣和特长是个人发展的重要驱动力。班主任可以通过组织各种活动，如文艺比赛、科技创新大赛等，让学生有机会展示自己的才华和特长，从而增强他们的自信心和成就感。

创新精神和实践能力的培养也是生涯规划指导的重要内容。在快速发展的社会中，创新精神和实践能力已经成为人才竞争的重要优势。班主任可以通过开展科技创新活动、社会实践活动等，激发学生的创新思维和实践能力。这些活动不仅可以让学生在实践中学习新知识、掌握新技能，还能培养他们的团队合作精神和领导能力。

班主任还要引导学生关注社会责任和公益事业，培养他们的社会责任感和公民意识。一个优秀的公民不仅要有才华和能力，更要有对社会的责任感和奉献精神。班主任可以通过组织志愿服务、环保活动等公益事业，让学生亲身参与到社会建设中来，感受自己作为社会成员的责任和义务。

第二节 生涯测试：生涯工具与性格类型

在人生的十字路口，尤其是高中阶段，学生们面临着未来职业选择的重要时刻。为了帮助学生们更好地了解自己的职业倾向和性格特点，职业生涯测试工具和性格类型分析应运而生。职业生涯测试工具与性格类型分析，如同智慧的灯塔，在高中生面临未来职业选择时，为他们照亮前行的道路。通过这些科学的测试和深入的性格剖析，学生们能够洞察内心深处的兴趣与潜能，把握自己的优势与特点，从而在职业规划的海洋中乘风破浪，找到与自己灵魂契合的职业归宿。这一过程，不仅是对未来的一次深思熟虑，更是对自我的一次深刻探寻，让学生们能够以更加坚定的步伐，踏上属于自己的职业征程，绽放独特的光彩。

一、职业生涯测试工具

职业生涯测试工具是帮助学生了解自己的职业兴趣、能力和价值观的有效手段。这些工具通常基于心理学、职业指导和职业发展的理论，通过一系列问题和评估，为学生提供个性化的职业建议。职业生涯测试工具，涵盖职业兴趣、能力、价值观及性格特点等多方面评估，基于心理学和职业发展理论，通过系列问题及评估，为学生指明职业兴趣倾向、能力所长、价值观取向及个性特点，从而为其量身打造个性化职业建议，助力未来规划。

（一）职业兴趣测试

在职业生涯规划的广阔天地中，职业兴趣测试扮演着至关重要的角色。这一测试方式，旨在深入探索学生对不同职业领域的兴趣和偏好。而谈及职业兴趣测试，霍兰德职业兴趣测试（Holland Codes）无疑是其中的佼佼者，它不仅为学生们提供了一个清晰的职业兴趣分类框架，更为他们未来的职业选择指明了方向。

霍兰德职业兴趣测试，以其深入且全面的评估体系，成为众多学生和职业规划师的首选工具。它将纷繁复杂的职业兴趣凝练为六大类别，即实际型（Realistic）、研究型（Investigative）、艺术型（Artistic）、社会型（Social）、企业型（Enterprising）和常规型（Conventional），这六大类别以简洁的RIASEC缩写形式为人们所熟知。

实际型（R）的学生，他们对具体、明确、可操作的事物抱有浓厚兴趣。这类学生在选择职业时，更倾向于那些能够让他们动手实践、亲身体验的工作领域，如机械制造、建筑施工等。他们享受在实物操作中寻找答案的过程，对于抽象的理论和概念则可能显得不那么感兴趣。

研究型（I）的学生，则对分析和解决问题充满热情。他们喜欢深入探究事物的本质，善于从复杂的现象中提炼出普遍的规律。这类学生在科学研究、数据分析等领域往往能够发挥出自己的长处，他们享受在知识的海洋中遨游，不断追求新的发现和突破。

艺术型（A）的学生，他们拥有丰富的想象力和创造力。对于美的追求和表达，是他们内心深处最为强烈的渴望。这类学生在艺术设计、文学创作等领域能够找到自己的舞台，他们用独特的视角和感受力，创造出令人惊叹的作品，为世界增添了一抹亮丽的色彩。

社会型（S）的学生，他们热心公益，善于与人沟通。在帮助他人、服务社会的过程中，他们能够找到自己的价值所在。这类学生适合从事社会工作、心理咨询等职业，他们用自己的热情和专业知识，为社会的和谐稳定贡献着自己的力量。

企业型（E）的学生，他们天生就具有领导力和商业头脑。对于市场竞争和商机有着敏锐的洞察力，善于在复杂的商业环境中找到成功的路径。这类学生在企业管理、市场营销等领域能够大展拳脚，他们用自己的智慧和才能，引领着企业走向更加辉煌的未来。

常规型（C）的学生，他们注重秩序和规则，善于在细节中发现问题的关键所在。这类学生在行政管理、财务管理等职业中能够发挥出自己的优势，他们严谨的工作态度和对细节的把控能力，为组织的稳健发展提供了坚实的保障。

通过霍兰德职业兴趣测试，学生们能够更加清晰地认识到自己的职业兴趣所在。这不仅能够帮助他们在未来的职业规划中做出更明智的选择，还能够激发他们的学习热情和工作动力。因此，职业兴趣测试在学生的成长过程中具有不可替代的重要作用。

（二）职业能力测试

在职业生涯规划的旅途中，职业能力测试如同一盏明灯，照亮学生们前行的道路。这一测试的目的，在于深入评估学生在不同职业领域所需的能力水平，从而为他们未来的职业选择提供有力的参考。

职业能力测试的重要性不言而喻。在现代社会，职业分工日益细化，不同职业对从业者能力的要求也各不相同。因此，了解自己在各个职业领域中的能力水平，对于学生来说至关重要。这不仅能够帮助他们找到适合自己的职业方向，还能够在未来的职场竞争中占据有利地位。

在职业能力测试中，通常会涵盖多个方面的能力评估。例如，逻辑推理能力、空间感知能力、语言表达能力等，这些都是现代职场中不可或缺的关键能力。通过测试，学生们可以全面了解自己在这些方面的表现，从而为自己的职业规划提供有力的数据支持。

逻辑推理能力，是职业能力测试中重要的一环。它考查的是学生在面对复杂问题时，能否运用逻辑思维进行分析和推理，从而得出正确的结论。这一能力在金融分析、法律咨询等职业中尤为重要。具备强大逻辑推理能力的学生，往往能够在这些领域脱颖而出，成为行业的佼佼者。

空间感知能力，则对于建筑设计、机械制造等职业至关重要。它要求学生具备对三维空间的敏锐感知和准确判断，能够在脑海中构建出清晰的空间模型。通过职业能力测试，学生们可以了解自己的空间感知能力水平，从而判断自己是否适合从事相关职业。

语言表达能力，是职场中不可或缺的一项基本技能。无论是与同事沟通、向上级汇报，还是与客户交流，都需要清晰、准确地表达自己的思想和观点。职业能力测试中的语言表达能力评估，旨在帮助学生了解自己的语言水平和提升空间，为他们在未来的职场生涯打下坚实的基础。

除了以上几种能力外，职业能力测试还可能涉及其他多个方面的评估，如数学计算能力、组织协调能力等。这些能力的评估结果，将为学生们提供一个全面的能力画像，帮助他们更加清晰地认识自己的优势和不足。

值得注意的是，职业能力测试并不是一成不变的。随着社会的不断发展和职业需求的变化，测试的内容和形式也需要不断更新与完善。因此，学生们在参加职业能力测试时，应该保持开放的心态和积极的态度，以真实、客观地展示自己的能力水平。

（三）职业价值观测试

在探寻职业生涯的旅途中，了解自己的职业价值观是至关重要的。职业价值观测试，就是这样一种工具，它能够帮助学生深入剖析自己在工作中最为珍视的价值观，如成就感、创新性、团队合作等。通过这一测试，学生们能够更清晰地认识到，什么样的职业环境能够与自己内心深处的追求相契合，从而在未来的职场中找到真正的归属感和满足感。

职业价值观，简而言之，就是我们在职业选择中所坚持的核心信念和原则。它影响着我们对工作的态度、期望以及投入程度。每个人的职业价值观都是独一无二的，它如同指纹一般，标识着我们的职业追求和人生理想。

在职业价值观测试中，学生们通常需要回答一系列问题，这些问题旨在引导他们思考自己在工作中的期望和偏好。例如，有些学生可能非常重视成就感，他们渴望在工作中不断挑战自我，实现个人价值的最大化。而另一些学生则可能更看重团队合作，他们认为在协同作战中能够找到归属感和成就感。

了解了自己的职业价值观后，学生们便能更加明确地寻找那些与之相匹配的职业环境。一个追求创新的学生，可能会倾向于选择那些鼓励员工提出新想法、尝试新方法的公司；而一个重视团队合作的学生，则可能会更喜欢那些强调集体协作、共同成长的团队氛围。

职业价值观测试的意义不仅在于帮助学生找到适合自己的职业环境，更在于帮助他们建立正确的职业观念。通过测试，学生们可以更加深刻地认识到，工作不仅是为了谋生，更是为了实现自我价值和社会价值。一个与我们的价值观相契合的职业环境，能够激发我们的工作热情，提升我们的职业满意度和成就感。

职业价值观测试还有助于学生们在职业生涯中做出更明智的决策。当面临职业选择时，我们可以根据自己的价值观来判断哪些机会更符合我们的期望和追求。这样，我们不仅能够避免盲目跟风或者受外界因素的干扰，还能够更加坚定地走向自己的职业目标。

（四）性格特点测试

在职业生涯规划中，了解自身的性格特点是非常关键的一步。性格特点测试，如MBTI（迈尔斯-布里格斯类型指标）等，就是专门为了帮助学生深入了解自己的个性特点而设计的。通过这些测试，学生们可以揭示出自己是内向还是外向、感性还是理性等性格特质，从而找到最适合自己的工作方式和职业环境。

MBTI等性格测试工具通常基于心理学原理，通过一系列精心设计的问题，来评估个体在四个维度上的偏好：能量获取方式（内向或外向）、信息收集方式（感性或理性）、决策方式（思考或情感）以及生活方式（判断或知觉）。这四个维度的不同组合，形成了十六种不同的性格类型，每一种类型都有其独特的优势和适合的工作环境。

了解自己的性格特点，对于职业生涯规划具有极其重要的意义。

首先，它可以帮助学生们认识到自己在工作中的优势和劣势。例如，内向型的人可能更擅长独立思考和深入分析，而外向型的人则可能更善于交际和表达。这些认识有助于学生们在选择职业时扬长避短，找到最能发挥自己长处的领域。

其次，性格特点测试还可以指导学生们在团队中找到适合自己的角色。在一个多元化的团队中，不同的性格类型可以互补，共同推动项目的进展。通过了解自己的性格特点，学生们可以更好地与团队成员沟通和协作，从而提高团队的整体效能。

再次，性格特点测试还有助于学生们调整工作态度和方式。当我们意识到自己的性格偏好时，就可以更加主动地选择适合自己的工作方式，如调整工作时间、改变工作环境等，以提高工作效率和满意度。

最后，了解自己的性格特点也有助于学生们在职业生涯中保持心理健康。当我们明确自己的性格特点和需求时，就能更好地应对工作中的压力和挑战，减少不必要的焦虑和冲突。

二、性格类型

了解自己的性格类型是学生思考职业规划中不可或缺的一环，不同的性格类型适合不同的职业领域和工作方式。通过职业生涯测试工具和性格类型分析，学生可以清晰地认识自身优势和兴趣，做出明智的职业选择，从而在职业道路上更好地发挥潜力，实现个人价值和职业成功。

（一）外向型

外向型的学生，他们的性格中充满了活力和热情，总是洋溢着对生活的热爱。他们喜欢与人交流，善于表达自己的观点和情感，这种性格特点使他们在人群中显得特别耀眼。对于这类学生来说，职业规划应该充分发挥他们的社交优势，让他们在与人打交道的过程中实现自我价值。

销售、市场营销、公关和教育等职业领域，都是外向型学生可以大展拳脚的地方。在销售行业中，他们可以利用自己的热情和口才，与客户建立良好的关系，推动产品的销售。在市场营销方面，他们的创意和活力可以给品牌带来更多的曝光度与认可度。在公关领域，他们的社交能力和应变能力可以处理各种复杂的人际关系，维护企业的形象。而在教育行业，他们的表达能力和感染力可以激发学生的学习兴趣，提高教学效果。

然而，外向型的学生在职业规划时也要注意避免过于依赖自己的社交能力，而忽视了对专业技能的提升。在任何职业中，专业技能都是基础，而社交能力则是锦上添花。因此，他们需要在高中阶段就注重对自己感兴趣领域的知识积累和技能培养，为未来的职业生涯打下坚实的基础。

外向型的学生还需要学会在适当的时候收敛自己的锋芒，学会倾听和尊重他人的意见。这样不仅可以让他们在职场中更加受欢迎，还可以帮助他们更好地融入团队，发挥团队的力量。

（二）内向型

内向型的学生，他们通常更注重内心世界，善于思考和分析问题。他们可能不像外向型的人那样善于言辞，但他们的思维深度和专注力却是他们的独特优势。对于这类学生来说，职业规划应该注重发挥他们的思考和分析能力，让他们在独立工作和深入研究中找到成就感。

研究、开发和数据分析等职业领域，都是内向型学生可以发挥优势的地方。在研究领域，他们可以利用自己的专注力和深度思考能力，探索未知的领域，为科技进步做出贡献。在开发方面，他们的逻辑思维和解决问题的能力可以让他们设计出更加优秀的产品或方案。而在数据分析领域，他们的细心和敏锐可以让他们从海量的数据中提炼出有价值的信息，为企业的决策提供有力的支持。

然而，内向型的学生在职业规划时也要注意避免过于沉浸在自己的世界里，而忽视了与外界的沟通和交流。虽然他们可能不善于言辞，但学会有效地表达自己的观点和想法却是职场中不可或缺的能力。因此，他们需要在高中阶段就注重培养自己的沟通技巧和团队协作能力，以便在未来的职业生涯中更好地融入团队，发挥自己的价值。

内向型的学生还需要学会调整自己的心态，勇敢地面对挑战和失败。虽然他们可能更注重内心的平静和稳定，但职场中的变化和挑战却是不可避免的。只有学会适应和应对这些变化，他们才能在职业生涯中走得更远。

（三）感性型

感性型的学生，他们对情感和美感有着敏锐的洞察力，善于表达自己的情感和想法。他们的内心世界丰富多彩，对于艺术、文化和美学有着浓厚的兴趣与独到的见解。在职业规划中，这类学生应该寻找能够充分发挥自己创意和情感的职业领域，以实现个人价值和职业满足感。

艺术、设计和文学等创意性职业，是感性型学生展现才华的舞台。在艺术领域，他们可以通过绘画、雕塑、摄影等方式，将自己的情感和想法转化为具有美感的作品，触动他人的心灵。在设计行业，他们可以运用自己的审美和创意，设计出独具匠心的产品，提升人们的生活品质。在文学领域，他们可以通过文字表达自己的情感和见解，与读者产生共鸣，启迪人们的思想。

然而，感性型的学生在职业规划时也要注意平衡感性和理性，避免过于情绪化或主观化。在创意性职业中，虽然情感和创意至关重要，但理性的分析和判断也是不可或缺的。因此，他们需要在高中阶段就注重培养自己的逻辑思维和批判性思考能力，以便在未来的职业生涯中更好地应对挑战和解决问题。

感性型的学生还需要学会与他人合作和沟通，将自己的创意和情感有效地传达给团队成员或客户。虽然他们可能更注重个人情感的表达，但团队协作和客户服务也是职场中不可或缺的能力。通过提升自己的沟通技巧和团队协作能力，他们可以更好地融入职场环境，实现个人与团队的共赢。

（四）理性型

理性型的学生，他们以逻辑和客观事实为行动指南，善于分析问题和解决问题。他们的思维缜密，不容易被情感左右，总能冷静、客观地看待事物。此种性格类型的学生在职业规划时，应充分发挥其严谨的思维特点，寻找那些需要深度思考和精确分析的职业领域。

科学、技术和工程等领域，是理性型学生大展身手的舞台。在科学研究中，他们可以利用自己的逻辑思维和分析能力，探索自然规律，推动科学的进步。在技术领域，他们可以凭借对技术的深刻理解和创新能力，开发出更加先进、实用的技术产品。在工程领域，他们可以通过精确的计算和设计，建造出安全、稳固的工程建筑。

然而，理性型的学生在职业规划时，也需要注意培养自己的人际交往能力。虽然他们擅长与数字和逻辑打交道，但在职场中，与人沟通和协作也是必不可少的。因此，他们需要在高中阶段就注重提升自己的沟通技巧和团队协作能力，以便更好地适应职场环境。

理性型的学生还应关注自己的情感世界。虽然他们以理性见长，但情感和感性的一面同样重要。学会在理性和感性之间找到平衡，将有助于他们在职业生涯中走得更远。

（五）冒险型

冒险型的学生，他们天生热爱挑战和刺激，勇于尝试新事物和接受新挑战。他们的好奇心旺盛，不满足于现状，总是渴望探索未知的领域。在职业规划时，这类学生应寻找那些能够满足他们冒险精神和高风险、高回报期望的职业领域。

创业、投资和探险等职业领域，是冒险型学生实现梦想的天堂。在创业道路上，他们可以利用自己的冒险精神和创新能力，开拓新的市场，打造属于自己的事业。在投资领域，他们凭借敏锐的市场洞察力和决策能力，可能获取丰厚的回报。而在探险领域，他们可以满足自己对未知世界的探索欲望，实现自我价值。

然而，冒险型的学生在职业规划时也需要谨慎行事。虽然他们勇于冒险，但过于冒进可能会导致不必要的损失。因此，他们需要在行动前进行充分的调研和风险评估，确保自己的决策基于理性的分析而非一时的冲动。

冒险型的学生还应学会在冒险与稳定之间找到平衡，职业生涯不仅需要勇气和决心，还需要稳健和耐心。通过不断的学习和实践，他们可以逐渐掌握这种平衡艺术，从而在职业生涯中取得更大的成功。

（六）稳健型

稳健型的学生，他们注重稳定和安全，喜欢按部就班地工作和生活。他们的性格中透露出一种沉稳和踏实，不喜欢过于冒险或激进的行为。在职业规划时，这类学生应寻找那些能够提供稳定职业环境和良好发展前景的职业领域。

行政、管理和财务等职业领域，是稳健型学生发挥所长的理想选择。在行政领域，他们可以利用自己的细心和耐心，确保各项工作的顺利进行。在管理领域，他们的组织协调能力和对细节的关注将有助于提升团队的整体效率。而在财务领域，他们的谨慎和精确性将确保企业资金的安全与有效利用。

然而，稳健型的学生在职业规划时也需要注意避免过于保守和缺乏创新精神。虽然稳定和安全是他们所追求的，但在快速变化的社会环境中，保持一定的灵活性和创新能力也是必要的。因此，他们需要在保持稳健的同时勇于尝试新的方法和思路，以适应不断变化的职场需求。

稳健型的学生还应注重提升自己的沟通能力和团队协作精神，虽然他们可能更倾向于独立工作，但在职场中，与他人的有效沟通和协作也是非常重要的。通过提升自己的沟通技巧和团队协作能力，他们将能够更好地融入团队，实现个人和团队的共同发展。

第三节　多元体验：生涯实践类型

在学生生涯中，通过参与多元化的实践活动如实习、社会实践、创新创业、职业探索和课题研究，学生们能够全面提升职业素养，培养社会责任感和创新精神，为未来的职业生涯奠定坚实基础。这些活动不仅让学生亲身体验职业环境，了解不同职业的特点和要求，还锻炼了他们的沟通能力和问题解决能力，培养了团队合作精神和领导能力。这些宝贵的经历将成为学生们成长过程中的重要财富，对他们的未来发展产生深远影响。以下是学生体验的生涯实践类型。

班主任应积极推动学生参与实习体验、社会实践、创新创业实践、职业探索活动和课题研究与实践等多元化生涯实践活动，以全面提升学生的职业素养，培养他们的社会责任感和创新精神，为未来的职业生涯做好充分准备。

一、实习体验

实习是学生亲身体验职业环境、了解职业要求的重要途径。通过实习，学生可以深入企业内部，观察并参与到实际工作中，从而更直观地了解职业的具体内容和要求。

班主任在推动学生实习体验方面，可以积极与企业或行业建立联系，为学生争取实习机会。班主任还需要对学生进行实习前的指导和培训，帮助他们明确实习目标、制订实习计划，并在实习过程中给予必要的关注和支持。

二、社会实践

社会实践是一种更为广泛的生涯实践方式，它涵盖了志愿服务、社会调查、公益活动等多种形式。通过社会实践，学生可以深入了解社会问题，培养社会责任感，同时也能锻炼自己的沟通能力和问题解决能力。

班主任在推动社会实践方面，可以结合学校的课程设置和社区资源，为学生设计具有针对性的实践活动。例如，可以组织学生参与环保、教育、扶贫等领域的志愿服务项目，或者开展关于社会热点问题的调查研究。

三、创新创业实践

创新创业实践是培养学生创新思维和创业能力的重要方式。通过参与创新创业项目，学生可以学会如何发现问题、分析问题并解决问题，同时也能培养他们的团队合作精神和领导能力。

班主任在推动创新创业实践方面，可以鼓励学生积极参与学校或社会的创新创业竞赛，或者自主发起创新创业项目。为了支持学生的创新创业实践，班主任还可以邀请企业家或创业者来校分享经验，为学生提供指导和建议。

四、职业探索活动

职业探索活动旨在帮助学生了解不同职业的特点和要求，以便他们更好地进行职业规划。这类活动可以包括职业讲座、行业展览、模拟面试等形式。

班主任可以定期组织学生参加各类职业探索活动，让他们有机会与不同行业的专业人士进行互动交流。通过这些活动，学生可以更直观地了解不同职业的工作环境和挑战，从而为自己的职业规划提供更有力的依据。

五、课题研究与实践

课题研究与实践是学生在专业领域进行深入探索的重要方式。通过参与课题研究，学生可以培养科研素养，提升独立思考和解决问题的能力。

班主任可以结合学校的课程设置和教师的科研项目，为学生提供参与课题研究的机会。在课题研究中，班主任需要给予学生必要的指导和支持，帮助他们明确研究方向、制订研究计划，并督促他们按时完成研究任务。通过这种实践方式，学生不仅可以提升专业素养，还能为未来的学术或职业发展奠定坚实基础。

附：学生生涯实践活动案例

手机营销体验

体验职位：手机店营销员。

暑假，我获得了一份在手机店营销手机的工作，我主要的职责是营销手机和手机配件，当时我对手机型号并不是非常的熟悉，老板让我先去了解手机型号。在我还没完全了解型号的时候突然来了一位客户，我当时说话结结巴巴，因为没有接待好第一位客户而错失了一名客源，我感到十分内疚。但老板看我是新人，不但没有怪我，还很耐心地教我如何与客人沟通，要面带微笑不要愁眉苦脸，老板教我如何介绍手机的性能，告诉我介绍机型要有自信不要结结巴巴，把这些教导记在心中，然后我就开始认真地背手机型号。虽然所有手机的型号及特点我都能倒背如流，但是短短的两天我只卖出去了一条充电线，两天下来我收获很大，不是因为我赚取了200元的工资，而是因为我掌握了很多手机的性能和营销的技巧。销售手机工作看似门槛低没技术含量，其实需要早出晚归，还要打扫店内卫生，缺的手机壳和充电线要及时摆上货架，最主要是我已经能够对手机的各种性能及其性价对比讲解透彻，我要时刻保持对客户的热情，才能让客户对我营销的商品产生兴趣。销售工作看似简单，其实事非经过不知难。

我的营销职业体验感悟如下：随着电商的发展，线上销售越来越普遍，我发现实体手机店客源并不多，线下店的竞争优势可能会越来越小，要想在竞争中保持优势，必须挖掘新的赛道。首先，可以运用新颖的营销方式吸引客户，也可以加强线上宣传线下店的商品；其次，可以运用恰当的促销手段，吸引更多客源并留下这些客源；再次，应该加强服务意识，老的客源才能介绍新的客源；最后，应该保障实体店的手机品质并能够详细介绍各种型号手机的性能及性价比有什么不同。

本次职业体验我用汗水换来了收获，感谢二高布置的职业规划体验作业，以便我能尽早对自己的生涯进行规划，促进我更努力地学习，将来才能为祖国的建设更好地贡献自己的一份力量。星光不问赶路人，我已经在努力学习的路上了。

学做月饼

体验职位：月饼师。

8月25至8月29日我开启了为期五天的职场体验活动。工作时间虽不长，但和店里员工们工作相处、学习烘焙的过程让我十分难忘。

首先，据我所知，想要正式入职就需要1年工作经验且能吃苦耐劳。而作为体验工作者，店长将我分配到小作坊内负责制作面包甜点的工作。在作坊里，我的主要职责就是将面包甜点的制作调料放入模具并待其发酵后放入烤箱。这看似简单的操作流程做起来并不容易。印象最深的一次就是制作月饼的过程，当时我的任务是做40块月饼，每做一块月饼就需要将馅料揉成一个小球，称量重量，然后再用大面皮围住，按入模具。刚开始做了几个感觉还挺不错，可是到了最后10个的时候腰背就开始酸痛，因为按入模具需要十分大的力气，我也想过放弃，可是看到其他员工卖力干活，我也不甘心输给他们，最终还是做完了。每次做完之后，我都十分开心，因为员工还有个额外任务就是检验食品的品质（就是吃东西，但不会吃多）。我总会挑出我自己做的那一个，吃的时候，总有一种感受：自己的努力成果真香！日子一天天过去，我的手艺也日益精湛，感觉像个小烘焙师。虽然在这里只工作了5天，但是店长还是给我算了工资。店长算我是钟点工，一小时15元，一天干8小时（虽然不多，但是作为我人生中第一次领工资我也是挺开心的）。

让我印象深刻的就是作坊里的员工们。他们基本上都是20多岁的年轻小伙子，也有30多岁的中年人。他们并没有因为我是新来的员工而排斥我，取而代之的是他们的热情和关照——他们教会了我许多制作的技巧，即使我做得不是很好，他们也细心指导我，直到我熟练掌握……他们让我感受到了人与人之间的温暖，让我更加坚信这个世界也是有感情的。

在职场体验期间，也让我产生了对烘焙工作的兴趣。因为它不仅拓展了我的见识，还提高了我吃苦耐劳、迎难而上的能力。人世间没有一帆风顺的道路，世界总在跌宕起伏中前行。不管未来是否会选择这份职业，不管未来会遇到怎么样的困难，我都应该保持吃苦耐劳、迎难而上的精神，在磨砺中曲折前行，迎接属于我的未来。

总而言之，这次职业体验是一次宝贵且难忘的经历。

我是一名药检员

体验职位：药品检验员。

星空浩瀚，探索不止。梦想是激发活力的源泉，中华民族是勇于追梦的民族。身为新一代中国青年，我辈应心怀远大志向，脚踏实地，仰望星空，规划好自己的人生路线，在职业体验中不断认识自己，提升自我，剑指未来。

我非常荣幸能有这样一个珍贵的机会，在步入高中这一重要阶段前，系统地进行职业规划，亲身体验社会实践，以一名药品检验员的身份走入实验室，探索与感受我从未接触过的生活环境，这段经历使我受益颇丰。

其中让我感触最深的便是在整个工作过程中，从业者们严谨细致、精益求精的工作精神。

每一道门的人脸识别认证，体现出严密的管控；更衣间里洗手消毒步骤严格而规范；实验前需要佩戴帽子，而且帽子要包住头发和耳朵；穿衣时要包住自身衣服；戴手套时要盖住袖口……

从准备实验器材到完成检验，每步都有明确的操作指引。每次使用pH测试仪前都需要精确校对，每次使用后仪器探头也必须清洗干净，每个取样瓶都要标明样品消息，按照严格的存放规定放置。

对比我的生疏迟缓与他们的熟练迅速，他们的身影愈发高大坚毅。我曾提前了解实验室规范，只觉得复杂繁多，可单位的一位姐姐竟告诉我，她因为敬重这份职位，害怕出错，自愿将这规范一字不漏地背诵列出，这便是敬畏专注。她的话似一股涓涓细流，浇灌了我心中那棵向阳而生的绿芽。

在我使用浓盐酸调配PBD缓冲液到待定值之时，要求必须一点一点滴加并时刻关注其数值变化，耐心等待其数值稳定后再继续添加。但在最后我一时心急没按规定操作，使得终值与预期值只是相近。而在我用荧光显微镜观察肺癌细胞的时候，因为忘记仔细调光使得最后现象不清晰，实验不易，稍有差错就会前功尽弃。

体验结束后，当我询问这份职业最需要什么品质时，我收到这样的回答：第一，要保持求知欲，因为我们的起点或高或低，但都应有更高的追求，这是动力源；第二，要有责任心，持之以恒，这便是创新进取，执着担当。

归纳总结，其实这些我所感悟到的优秀品质，不就是工匠精神的内涵吗？正所谓专注敬畏，严谨耐心，坚持专一，细致完美。正当年少的我们，未来，有星辰大海。如今，我们期盼着、描绘着未来，规划职业，演绎人生。

这次职业体验，让我明白的不仅是如何选择职业、展望未来，更是让我铭记，无论我如何选择，如何"遇"见未来，都要追求工匠精神，心怀匠心来面对平原山川，面对波涛风云，面对未来一切！

我与妈妈一起上班

体验职位：人事行政助理。

在这次社会实践之前，我完全没有想象过理想职业，也没有设身处地思考过工作的不易。在接到这个任务时，我花了一段时间思考，什么样的职业更适合我，应该体验什么样的职业。

作为一名高中生，平时并没有机会和场合接触到职场相关的信息，而过于复杂专业度高的技术工作显然我没有能力胜任，于是最终决定从母亲的职业下手，体验人事行政助理的工作。

来到工作室，大部分人已经进入工作状态，我小心翼翼地来到访谈人的工位上——我母亲的工位。母亲也已开始认真工作，她神色认真，校对着文档，我从未见过她工作时的状态，和平时大不相同。她对于行政工作的认真，构成了我对这个职业的第一印象。

待母亲手头上的工作告一段落，我们来到会议室开展采访，以免打扰其他人的工作。在访谈过程中，我完整地知道了母亲的工作经历，并对这份工作有了进一步的了解。她从事这份工作已经十年之久，其间的感情不必再说。这份工作并不像我想象中那样轻松，也并不是谁都能胜任。

"职业的事是一辈子的事，只有你真正热爱，愿意去钻研，愿意去奉献，熟悉细节中的种种，才能提高业务能力，从而实现公司和自我的双方面满足。"至此，我对人事行政工作的了解不再只是停留在纸面上的记录，而是更鲜明立体起来。

一天工作下来，我早已筋疲力尽，没想到离开时竟还有许多在岗位上加班的人。在回家的地铁上，我想了很多。每个职业有每个职业的艰辛，我仅仅了解了行政人事工作的一小部分，已经深感不易。经过这次的职业体验，我不仅学到了许多和行政工作有关的知识，对于这个职业本身也怀有了一份敬意。也许未来我不一定会从事这入职业，但是这次社会实践给我带来的收获，将会是我成长中重要的一部分，也将会对戈的人生产生重大影响。

第四节　职业匹配：探索适合的职业范畴

　　班主任不仅是学生知识的引导者，更是他们职业生涯的指路明灯。从发掘内心的热爱、明确个人优势、理解行为模式，到追求工作与价值观的契合，班主任以全方位的视角，引导学生探寻职业匹配的奥秘。他们帮助学生洞察行业趋势，分析职业需求，提供宝贵的实践机会，建立起广阔的职业网络。在班主任的鼓励下，学生勇于持续探索，不断突破自我，又深深地扎根于职业素养的培育中，磨砺出坚韧的职业品质。这一切努力，都是为了确保学生能够在未来的职业生涯中，找到那份与自身兴趣、能力、性格和价值观完美契合的工作，从而在职业的舞台上大放异彩，实现个人的梦想与追求。

一、职业匹配的标准

　　发掘内心热爱、明确个人优势、理解行为模式以及追求工作与价值观的契合，是班主任引导学生实现兴趣、能力、性格和价值观与职业全方位匹配，从而确保学生未来职业生涯持久热情、满意度和发展空间的关键所在。

（一）发掘内心热爱——兴趣匹配

　　兴趣匹配是职业选择的首要标准，因为它关乎学生是否能够在未来的职业生涯中保持持久的热情和动力。要发掘内心的热爱，学生需要对自己有一个全面而深入的了解。这不仅是知道自己喜欢什么，更重要的是理解为什么喜欢，以及如何将这种喜欢转化为职业上的追求。

　　班主任在这个过程中扮演着重要的角色。他们可以通过组织各种活动、讨论会或者实践项目，让学生有机会接触到不同的领域和话题。这些经历不仅能帮助学生发现自己的兴趣所在，还能让他们对这些兴趣有更深入的理解。

　　例如，一个学生可能在参与环保活动中发现自己对环境保护有着浓厚的兴趣。这种兴趣不仅是对自然的热爱，更可能是对可持续发展、生态平衡等议题的深刻关注。班主任可以进一步引导学生思考如何将这种兴趣转化为具体的职业方向，如环境科学、环保工程或者环保组织的运营管理等。

班主任还可以通过分享成功案列、邀请行业专家举办讲座等方式，让学生看到兴趣与职业相结合的可能性。这样，学生不仅能更清晰地认识到自己的兴趣所在，还能更有信心地追求与之相关的职业道路。

（二）明确个人优势——能力匹配

能力匹配是职业选择中不可或缺的一环。每个人都有自己独特的才能和专长，而找到能够充分发挥这些才能的职业，对于个人的职业发展和工作满意度至关重要。

在帮助学生明确个人优势的过程中，班主任首先需要引导学生进行自我反思，回顾过去的经历，思考自己在哪些方面表现得尤为出色。这不仅是为了让学生认识到自己的能力所在，更是为了培养他们的自信心和自我认同感。

接下来，班主任可以通过具体的测试、评估或者实践项目来进一步验证学生的能力。例如，可以组织一些团队项目或者竞赛，让学生在实际操作中展示才能。这样不仅能让学生更加确信自己的能力，还能帮助他们发现潜在的优势和提升空间。

明确个人优势后，班主任需要指导学生如何将这些优势转化为职业竞争力。这包括了解不同职业对能力的要求，以及如何通过学习和实践来进一步提升自己的能力水平。班主任还可以分享一些成功的职业规划案例，让学生看到能力与职业成功之间的紧密联系。

（三）理解行为模式——性格匹配

在职业选择中，性格匹配同样占据重要地位。每个人的性格特点和行为模式都会影响到他们在工作中的表现与满意度。因此，理解自己的行为模式，找到与之相适应的职业环境，对于个人的职业发展和工作幸福感至关重要。

班主任在帮助学生理解性格匹配的过程中，可以通过性格测试工具，如MBTI等，来帮助学生认清自己的性格类型。这些测试可以揭示出学生的沟通风格、决策方式、情绪管理等方面的特点，从而为他们提供更个性化的职业规划建议。

例如，对于外向型、热情洋溢的学生，他们可能更适合从事销售、公关或演艺等需要频繁与人交往的职业；而对于内向型、深思熟虑的学生，研究、数据分析或编程等需要独立思考和专注度的职业可能更加适合。

除了性格测试外，班主任还可以通过观察学生在日常学习和生活中的表现，以及与他们进行深入的交流，来进一步了解学生的性格特点。这样，班主任就能更准确地为学生推荐适合他们的职业方向。

班主任也要帮助学生理解，性格并不是一成不变的，它可以通过自我调整和努力来得到改善与优化。因此，即使学生的性格与某个职业的要求不完全吻合，也并不意味着他们无法胜任这份工作。关键是要找到适合自己的平衡点，发挥性格中的优势，同时努力克服或改善性格中的不足。

（四）追求工作与价值观的契合——价值观匹配

在职业选择中，价值观匹配是至关重要的一环。个人的价值观决定了我们在工作中的追求和期望，找到与价值观契合的职业，能够让我们在工作中找到真正的成就感和满足感。

班主任在引导学生探索价值观匹配的过程中，首先要帮助学生明确自己的价值观。这可以通过讨论、反思和测试等方式来实现。例如，可以组织学生进行价值观问卷调查，或者开展关于职业价值观的讨论会，让学生思考自己在工作中最看重的是什么。

一旦学生明确了自己的价值观，班主任就可以进一步指导学生如何将这些价值观与具体的职业选择相结合。例如，对于重视社会责任和公平正义的学生，可能更适合从事法律、社会服务或公益事业等职业；而对于追求创新和挑战的学生，科技研发、创业或市场营销等职业可能更符合他们的期望。

班主任还可以通过分享职业人物的故事和经历，让学生看到不同职业中价值观的体现。这样，学生就能更直观地理解价值观与职业选择之间的关系，从而更有针对性地寻找与自己价值观相匹配的职业。

班主任要鼓励学生保持开放的心态，不断探索和尝试。职业选择是一个动态的过程，随着个人成长和环境的变化，学生的价值观也可能发生变化。因此，保持灵活性和适应性，不断追求工作与价值观的契合，是学生在职业生涯中持续发展的重要保障。

二、适配职业范畴的策略

在帮助学生确定了职业匹配的基本标准后，班主任的工作就转向了更具实践性的指导——如何根据这些标准找到真正适配的职业范畴。班主任应通过帮助学生了解行业趋势、分析职业需求、提供实践机会、建立职业网络、鼓励持续探索以及培养职业素养等多维度指导，以确保学生能够根据兴趣、能力和性格找到适配的职业范畴，为未来的职业生涯奠定坚实基础。

（一）了解行业趋势

在快速变化的时代背景下，了解行业趋势显得尤为重要。班主任作为学生职业规划的引导者，有责任帮助学生洞察当前以及未来的行业动向。这不仅是为了让学生选择一个"热门"行业，更重要的是培养他们的前瞻性思维，学会在变革中寻找机遇。

为了做到这一点，班主任可以定期组织行业趋势分析讲座或研讨会，邀请行业内的专家或资深从业者来分享他们的见解。班主任还可以引导学生关注行业新闻、报告和数据，学会从中提炼有用信息，判断哪些行业正处于上升期，哪些行业可能逐渐衰退。

通过这样的指导，学生不仅能够避免盲目跟风，还能够学会如何在复杂多变的市场环境中做出明智的决策。他们将会更加明确自己的职业定位，从而有针对性地提升相关技能和知识。

（二）分析职业需求

不同的职业领域对人才的要求各不相同。因此，深入分析各职业的具体需求是学生在职业规划过程中必不可少的一步。班主任在这一过程中扮演着关键角色，他们需要帮助学生梳理各种职业的核心技能和素质要求。

具体来说，班主任可以引导学生通过招聘网站、行业报告等渠道收集信息，了解不同职位的详细职责描述和任职要求。班主任还可以组织模拟面试、职业规划工作坊等活动，让学生在实践中学习如何根据职业需求来调整自己的发展策略。

通过这些活动，学生不仅能够更清晰地认识到自己的优势和不足，还能够学会如何根据市场需求来规划自己的职业发展路径。他们将更加明确自己的目标，从而更加有针对性地提升自己的竞争力。

（三）提供实践机会

理论知识的学习固然重要，但实践操作同样不可或缺。对学生来说，通过实习、志愿服务等实践活动来亲身体验不同职业环境是非常有价值的。班主任在这方面可以发挥重要作用，积极为学生争取和创造实践机会。

班主任可以与校企合作单位建立紧密联系，安排学生参加相关行业的实习项目。班主任还可以鼓励学生参与社会公益活动，这些活动不仅能锻炼学生的实践能力，还能培养他们的社会责任感和团队协作精神。

通过这些实践活动，学生将有机会深入了解不同职业的实际运作情况，进一步明确自己的职业兴趣和定位。他们将学会如何将理论知识应用于实践中，提升自己的综合素质和职业能力。

（四）建立职业网络

在现代社会，人际网络的重要性不言而喻。对于学生来说，建立一个广泛而有效的职业网络是他们在职业规划过程中的一大助力。班主任可以利用自己的社会资源和影响力，帮助学生搭建起这样一个网络。

班主任可以邀请不同行业的专业人士来学校举办讲座或分享会，让学生有机会与他们面对面交流。班主任还可以组织学生参加行业相关的研讨会、展览等活动，拓展学生的视野和人脉资源。

通过这些活动，学生不仅能够了解更多关于不同职业的信息和内幕，还能够结识到一些潜在的导师或合作伙伴，这将为他们的职业发展提供更多可能性和机遇。

（五）鼓励持续探索

职业规划并不是一蹴而就的过程，而是需要学生在不断探索和调整中逐步明确自己的方向。班主任应该鼓励学生保持开放和好奇的心态，勇于尝试新事物和接受挑战。

为了帮助学生持续探索自己的职业兴趣和能力边界，班主任可以定期组织职业规划工作坊、职业测评等活动。班主任还可以引导学生利用假期时间参加各类实习或志愿者项目，以实际行动来检验自己的职业选择。

通过这些活动和实践经历，学生将更加清晰地认识到自己的优势和局限性，从而有针对性地调整自己的职业规划策略。他们将学会如何在变化中寻找机遇，如何在挑战中成长和进步。

（六）培养职业素养

无论学生最终选择从事何种职业，良好的职业素养都是他们成功的关键。班主任应该在日常教育中注重培养学生的职业道德观念、团队协作精神以及有效沟通能力等核心素养。

为了实现这一目标，班主任可以通过课堂教学、班级活动以及社会实践等多种途径来提升学生的职业素养。例如，在课堂教学中融入职业道德教育的内容；在班级活动中培养学生的团队协作能力和领导才能；在社会实践中锻炼学生的沟通技巧和问题解决能力。

通过这些教育和实践活动，学生将逐渐形成良好的职业素养和习惯，这将为他们在未来的职业发展中奠定坚实基础，助力他们成为优秀且有影响力的职场人。

智慧之光：照亮教育的未来之光

当我们走过每一个章节，从教育的智慧到生涯规划教育，我们不难发现，教育智慧就如同一盏明灯，照亮教育者前行的道路，也温暖每一个学生的心灵。在本书的编撰过程中，我们深深感受到教育智慧的重要性，以及它在塑造未来中的关键作用。

教育，是一个充满挑战与机遇的领域。每一个学生都是独一无二的个体，他们有着各自的特点和需求。作为教育者，我们需要运用教育智慧，去洞察学生的内心，去理解他们的想法和感受，从而提供更加贴心和有效的教育。这正是教育智慧的魅力所在，它让我们能够因材施教，让学生都能在适合自己的方式下茁壮成长。

本书中，我们探讨了教育智慧的多个方面，从哲学基础到认知发展，从情感培育到未来展望。我们深入课堂管理与教学艺术，探讨班主任领航与班级管理的奥秘。我们还关注了时间管理、家校合作以及班主任的成长路径。这些章节不仅提供了丰富的理论知识和实践经验，更展现了教育智慧在教育工作中的广泛应用和深远影响。

当然，教育智慧并非一蹴而就，它需要我们不断地学习、实践和反思。在这个过程中，我们逐渐领悟到教育的真谛，也找到了与学生心灵相通的桥梁。我们深知，每一个学生都是一颗璀璨的星星，只要给予他们足够的关爱和引导，他们就能绽放出耀眼的光芒。

我们也意识到，教育的未来需要我们共同去探索和开创。在这本书中，我们特别强调了德育引领与学生品格培养的重要性，以及生涯规划教育的必要性。我们相信，只有全面提升学生的综合素质，帮助他们树立正确的人生观和价值观，才能让他们在未来的社会中立足并取得成功。

在编撰这本书的过程中，我们得到了许多教育同仁的支持和帮助。他们的宝贵经验和建议，让我们对教育智慧有了更深刻的理解。在此，我们要向他们表示衷心的感谢。我们也要感谢每一位读者，是你们的关注和支持，让我们有动力去挖掘和分享更多的教育智慧。

我们希望这本书能成为你们教育工作中的得力助手，为你们照亮前行的道路。愿智慧之光，能够照亮教育的未来之光，让每一个学生都能在智慧的滋养下茁壮成长，绽放出属于自己的光彩。

教育智慧，如同璀璨的星光，照亮了我们前行的路。愿每一位教育者都能深谙此道，以智慧之光引领学生成长，共同开创教育的美好未来。